El libro esencial de recetas

# mexicanas para
# Instant Pot

El libro esencial de recetas

# mexicanas para

# Instant Pot

Sabores auténticos y recetas
contemporáneas para tu olla
a presión

POR DEBORAH SCHNEIDER

Traducción de MARÍA LAURA PAZ ABASOLO
Fotografía de ERIN SCOTT

VINTAGE ESPAÑOL
Una división de Penguin Random House LLC
Nueva York

# Índice

1    Introducción

2    Conoce tu Instant Pot

4    Ideas de Deb: trucos y consejos

5    Utensilios de cocina esenciales

6    Guía de chiles mexicanos

9    Ingredientes mexicanos

## Capítulo 1 | Sopas

16    Sopa de tortilla con pollo

19    Sopa de albóndigas de res y elote

21    Sopa de frijoles pintos con chorizo y tortillas fritas

22    Sopa de frijoles negros

24    Sopa de lentejas y pollo, con verduras

25    Sopa de enchilada de pollo

26    Pozole rojo con cerdo

29    Sopa de papa y queso, con chile chipotle

30    Crema de hongos con epazote

## Capítulo 2 | Aves

34    Pollo con mole

36    Pollo con chile y ajo

37    Pollo barbacoa

38    Tacos de pollo a la diabla

39    Tacos de pollo al achiote

43    Sangría de pollo

45    Pollo en salsa de chile ancho

46    Pollo rostizado con chipotle y limón

48    Arroz con pollo

50    Pavo al tequila

52    "Canarditas" de pierna de pato con salsa de zarzamoras y mezcal

## Enchiladas

56    Enchiladas de pollo y queso con salsa verde

57    Enchiladas de cuatro quesos con dos salsas

58    Enchiladas de res y frijoles

59    Enchiladas de hongos con salsa de queso y chipotle

## Capítulo 3 | Res y cerdo

62    Costillas al estilo Ciudad de México con chile poblano

63    Estofado de res con salsa roja

65    Fajitas de res con chimichurri

67    Pastel de carne a la mexicana

69    Estofado de cerdo y longaniza, con frijoles y col rizada

70    Tacos de machaca de res

73    Carnitas

75    Chile verde

76    Albóndigas de cerdo en salsa verde con chicharrón

79    Cochinita pibil

80    Tocino con glaseado de chipotle y miel de agave

82    Tacos de chorizo, frijoles negros y camote

85    Tacos al pastor

86    Chileajo oaxaqueño

88    Guisado de res y chipotle a la cerveza, con verduras

91    Estofado de res y chile verde, con papas

### Tamales

| | |
|---|---|
| 94 | Tamales básicos |
| 96 | Tamales de frijoles negros picantes |
| 97 | Rellenos tradicionales para tamales |

### Capítulo 4 | Platos vegetarianos

| | |
|---|---|
| 100 | Macarrones con queso y chile verde |
| 103 | Queso fundido estilo texano |
| 105 | Esquites |
| 106 | Chiles rellenos de arroz en salsa de tomate picante |
| 109 | Papas con crema y chile |
| 110 | "Quesotacos" de hongos con epazote |
| 112 | Papas con jitomates y jalapeños |
| 113 | Plátano macho con chiles, limón y cacahuates |
| 114 | Ensalada de nopales |

### Burritos

| | |
|---|---|
| 118 | Burritos básicos de res |
| 119 | Burritos de carnitas |
| 120 | Burritos cremosos de res, frijoles y queso |
| 121 | Burritos de fajitas de California |

### Capítulo 5 | Granos y legumbres

| | |
|---|---|
| 124 | Frijoles pintos refritos |
| 127 | Arroz rojo |
| 129 | Frijoles pintos vaqueros |
| 131 | Arroz verde |
| 132 | Arroz con mariscos |
| 134 | Arroz blanco |
| 135 | Quinua con pasas |

### Capítulo 6 | Recetas base

| | |
|---|---|
| 139 | Pico de gallo |
| 140 | Salsa verde |
| 141 | Salsa roja |
| 142 | Salsa de chipotle y tomate verde |
| 143 | Salsa de tomate verde fresco |
| 144 | Salsa de chile habanero # 1 y # 2 |
| 146 | Salsa de chile ancho |
| 147 | Salsa de chipotle y queso |
| 149 | Encurtido de jalapeños y zanahorias |
| 150 | Salsa de aguacate y tomate verde |
| 150 | Guacamole |
| 151 | Ensalada de col para tacos |
| 152 | Salsa ranchera |
| 153 | Salsa de chipotle y ajo |
| 154 | Caldo de pollo deshebrado Uno-Dos-Tres |
| 156 | Caldo de carne de res deshebrada Uno-Dos-Tres |
| 158 | Tortillas de maíz |

### Capítulo 7 | Postres

| | |
|---|---|
| 162 | Flan |
| 165 | Arroz con leche |
| 167 | Tamales de chocolate |
| 170 | Budín de churros |
| 172 | Volteado de mango y coco |
| 174 | Pastel de vainilla |
| 176 | Tablas de cocción |
| 181 | Agradecimientos |
| 182 | Sobre la autora |
| 183 | Índice |

# INTRODUCCIÓN

Es un gran placer compartir estas páginas para acercar una de las gastronomías más antiguas del mundo al sistema de cocción moderno que está transformando la comida casera: la olla a presión eléctrica Instant Pot.

Ya sea que estés buscando las recetas de tus platos favoritos o que la cocina mexicana te resulte totalmente desconocida, en cada capítulo hallarás recetas auténticas elaboradas con ingredientes tradicionales, y técnicas y métodos adaptados para aprovechar al máximo la Instant Pot.

Los platos estrella de la gastronomía mexicana auténtica son los estofados y guisos de cocción lenta, que sirven de base para muchos otros platillos, desde tacos hasta tamales y burritos. La Instant Pot acelera drásticamente el proceso de cocción, transformando lo que solía tomar horas de trabajo en deliciosos resultados que tardarán menos de una hora.

Otra técnica usada frecuentemente en la gastronomía mexicana es la reducción rápida a fuego alto para intensificar los sabores. La Instant Pot puede freír, cocer a fuego lento y reducir, e incluso preparar frijoles refritos. Elimina las suposiciones al preparar tamales, y reduce el tiempo de cocción a la mitad. También podrás preparar salsas básicas mexicanas en cuestión de minutos. Estas son solo algunas maneras en que la Instant Pot llevará a tu mesa la maravillosa comida mexicana.

A pesar de tener más de cuarenta años de experiencia profesional en la gastronomía, considero que la Instant Pot ofrece posibilidades fascinantes y reveladoras. Me he convertido en una experta usando mis Instant Pots, las

cuales ya tienen un sitio fijo en mi cocina. Me las llevaría a una isla desierta (de preferencia, una isla tropical con muchos chiles).

La Instant Pot es la olla más conveniente para quienes llevan una vida acelerada. En lugar de consumir alimentos precocinados, que realmente no te ahorran tiempo (y están hechos con quién sabe qué), puedes preparar una comida mexicana saludable y deliciosa en cuestión de minutos, con ingredientes de calidad elegidos por *ti*. Con un poco de planificación, puedes tener tu congelador lleno con los ingredientes básicos para un festín: caldos, salsas, frijoles y sopas, y deliciosos platos principales.

La Instant Pot es increíblemente versátil y rápida, y ofrece resultados maravillosos. Úsala para preparar sopas, frijoles y estofados, para cocer arroces, verduras, tamales, e incluso para hornear pasteles. Funciona como unidad de calentamiento (lo que es muy útil si tu familia come en horarios diferentes) o estación para bufet, y es lo suficientemente inteligente como para cocinar un platillo el tiempo necesario y luego mantenerlo caliente hasta que te sientes a comer.

Una vez que conozcas las distintas características de tu Instant Pot, cocinar será mucho más fácil. Sus funciones preprogramadas y su temporizador se encargan de cocinar por ti. No necesitas preocuparte por configuraciones ni ajustar quemadores. Solo presiona unos cuantos botones y ¡listo! Así que, ¡enciéndela y prepara algo sorprendente!

—Deb

# Conoce tu Instant Pot

Los siguientes consejos básicos te ayudarán a familiarizarte con tu Instant Pot y a determinar la mejor manera en que esta cubrirá tus necesidades.

**Lee el manual.** Lee el manual del usuario de la Instant Pot para familiarizarte con su ensamblaje, botones e indicadores, y con el uso de la tapa y la perilla de liberación de vapor de tu modelo particular. Ármala y desármala varias veces hasta que manipules sus partes con confianza, sobre todo al colocar y asegurar la tapa y al mover la perilla de liberación de vapor.

**Cocina con seguridad.** Lee todas las instrucciones de seguridad que aparecen en el manual del usuario. La Instant Pot acumula presión a altas temperaturas, por lo que es esencial saber cómo liberar el vapor y destapar. Debes saber también que el contenido de la olla estará extremadamente caliente. Siempre usa la precaución y permite que la olla libere todo el vapor y el contenido se enfríe un poco antes de manipularlo. Usa guantes para horno o toallas de cocina gruesas cuando manipules la olla interna caliente. Nunca llenes la olla interna con líquido o alimentos a más de dos tercios de su capacidad.

**Pruébala.** Elige algunas recetas sencillas, como Arroz blanco (página 134) o Frijoles pintos vaqueros (página 129), y pon a trabajar tu Instant Pot. Después de usarla un par de veces, podrás pasar a recetas más complejas.

**Consérvala limpia.** Limpia tu Instant Pot a profundidad cada vez que la uses. Desconecta la unidad, retira y lava con agua y jabón la junta de silicona, la tapa y la olla interna; enjuágalas bien y déjalas secar completamente antes de volver a ensamblarla. Limpia el borde interior de la olla externa con un cepillo pequeño y una toalla húmeda para que la comida no se acumule. (Nunca viertas agua dentro de la olla externa). Lava y seca la pequeña taza que se encuentra a un costado de la unidad para recoger la condensación.

## FUNCIONAMIENTO

En el panel frontal de la Instant Pot encontrarás los botones de programación y funcionamiento, los interruptores para **Keep Warm (Calentar)** y **Cancel (Cancelar)**, y un panel indicador que muestra el nivel de presión y el nivel de calor, además de un temporizador. El panel varía ligeramente en cada modelo, así que consulta en el manual las instrucciones de uso y el ajuste de las funciones. Las recetas de este libro se probaron en una IP Duo Plus 60 de 6 cuartos de galón, y una IP Ultra 60, pero funcionarán con cualquier modelo de Instant Pot.

Utilizar los botones programados de la Instant Pot siempre te dará excelentes resultados. Nada puede ser más simple que presionar el botón correspondiente al alimento que vas a cocinar: sopa, arroz, carne/estofado, etc. En la mayoría de los programas puedes ajustar el tiempo y la presión pero, como soy chef, muchas veces uso la Instant Pot como una cocina pequeña y ajusto el tiempo y las funciones para lograr el resultado que deseo. Experimentarás en la medida en que te sientas más seguro.

Estos son los botones de programación que más utilizo en este libro. Para conocer las instrucciones de estos y otros botones, consulta tu manual del usuario. Si no puedes ajustar el tiempo dentro de una función preestablecida de cocción en tu modelo, cambia el ajuste a **Pressure Cook (Cocción a presión)** y fija el tiempo.

**Cancel (Cancelar).** Presiona el botón **Cancel** para cambiar entre las distintas funciones de cocción —por ejemplo, de **Sauté (Saltear)** a **Soup (Sopa)**— y presiona el botón **Cancel** al final de todos los ciclos de cocción. También es tu botón de reinicio si necesitas detener la cocción por algún motivo, o cambiar el tiempo de cocción de algún plato. (La mayoría de los modelos incluye un botón multifuncional señalado como Keep Warm/Cancel [Calentar/Cancelar]; ver la siguiente página para aprender a usar la función Keep Warm).

**Sauté (Saltear).** Muchas de las recetas de este libro comienzan con un salteado o sofrito en la Instant Pot. Ajusta el nivel de calor a low (bajo), normal o high (alto) según sea necesario para evitar que se queme, o aumenta la temperatura para dorar. Como verás en las siguientes recetas, yo solo utilizo **Sauté-high** cuando cocino frijoles, carne o arroz, y para reducir salsas. De lo contrario, siempre uso la configuración **Sauté-normal/medium**. Revisa tu manual para conocer las indicaciones de ajustes de tu modelo.

**Cocer a fuego lento.** No hay un botón para este tipo de cocción en la Instant Pot, pero si quieres cocinar algo un poco más (lo que suelo hacer con frijoles y sopas), puedes hacerlo fácilmente con la función **Sauté-low (Saltear-bajo)**.

**Manual/Pressure (Manual/Presión).** Dependerá de tu modelo de Instant Pot, pero puedes tener una configuración manual o de cocción a presión, ambas funcionan igual. En mis recetas, hago referencia a esta configuración como **Pressure Cook (Cocción a presión)**. Ajusta el tiempo de cocción con esta configuración, utilizando los botones + y −. Todas las recetas de este libro se cocinan con la configuración de fábrica o Pressure-High (Presión-Alto), a menos que se indique lo contrario.

**Keep Warm (Calentar).** Utilizo esta función para mantener la comida caliente antes de servir, muy conveniente en reuniones o fiestas. Nunca permito que la olla pase automáticamente a la función Keep Warm porque prefiero primero revisar (y probar) el platillo terminado para *después* indicar que se mantenga caliente.

**Liberación rápida versus liberación natural.** Cuando se completa un ciclo de cocción, la receta indicará si debes liberar la presión rápidamente o de manera natural. El tipo de alimento que prepares determinará el tipo de liberación que usarás. La liberación rápida reduce la temperatura en la Instant Pot para detener el proceso de cocción y evitar que el alimento se cocine de más. La liberación natural permite que la comida se enfríe lentamente en su propio jugo.

**Liberación rápida.** Cuando termine el ciclo de cocción, presiona **Cancel (Cancelar)**. Mantén tu rostro y tus manos lejos de la tapa y, con ayuda de unas pinzas o una cuchara larga, coloca la perilla de liberación de vapor en la posición de **Venting (Ventilar)**. Escucharás un silbido de vapor que se detendrá después de unos segundos y la válvula de presión bajará, indicando que ya se liberó toda la presión. Entonces podrás retirar la tapa. Recuerda que la comida en el interior estará muy caliente.

**Liberación natural.** Cuando termine el ciclo de cocción, presiona **Cancel (Cancelar)**. Establece el tiempo de enfriamiento (por lo general entre 20 y 30 minutos) y abre la perilla de liberación de vapor como se indica arriba para liberar cualquier presión restante. Espera a que baje la válvula de presión y después retira la tapa. La comida en el interior todavía estará caliente.

## TIEMPOS

Los tiempos de cocción pueden variar según los ingredientes que utilices y cuán cocinada prefieras la comida (ver Tablas de cocción, página 176). A mí me gusta que la carne en trozos mantenga su forma y se desmenuce con facilidad. Tal vez tú prefieras cocer la carne hasta que se deshaga. Con la Instant Pot tienes la posibilidad de regular la presión y el tiempo, muchas veces incluso dentro de alguna función de cocción, así que puedes ajustarlos según tus preferencias.

Si tienes prisa, presiona **Sauté-high (Saltear-alto)**, y la presión de la Instant Pot aumentará mucho más rápido, hirviendo primero el contenido. Luego presiona **Cancel (Cancelar)**, asegura la tapa y elige la función deseada.

Otra manera de tener rápidamente la cena lista en la mesa es usar la estufa para dorar o reducir cuando tengas ocupada tu Instant Pot. Cuando mis dos Instant Pots están en uso (lo que sucede a menudo), suelo asar en una sartén forrada con papel de aluminio los jitomates, los tomates verdes y los chiles para preparar las salsas y así adelanto ese paso.

## Ideas de Deb: trucos y consejos

Se llama Instant Pot, pero no es mágica. Sacarás lo que pongas en ella. Una comida de calidad siempre requiere buenos ingredientes y atención. La Instant Pot cocina alimentos de calidad de manera más rápida y fácil, y ¿a quién no le gusta eso?

La mayoría de las recetas pueden prepararse de principio a fin en la Instant Pot, especialmente si tienes dos ollas internas. Algunas recetas pueden necesitar una sartén para saltear (ver Tiempos, página 3) o un asador, casi siempre opcionales.

**Lee la receta completa.** Antes de empezar a cocinar, asegúrate de tener todos los ingredientes preparados. Sigue las indicaciones con cuidado.

**Buenos ingredientes = buena comida.** Siempre utiliza los mejores ingredientes, los más frescos y sabrosos. *Todo* lo que pongas en la olla, incluyendo el líquido de cocción, debe tener buen sabor.

**Carnes sazonadas.** Espolvorea un poco de sal encima de la carne y refrigérala durante algunas horas, o toda la noche, antes de cocerla. Esto acentuará su sabor.

**Frijoles remojados.** Los frijoles remojados siempre serán más suaves y cremosos, y su cocción será más rápida. Por

supuesto, puedes cocer los frijoles sin remojarlos, si así lo prefieres.

Solo utiliza el líquido que sea necesario. Los sabores se pierden si hay demasiado líquido. Excepto para las sopas, usa la menor cantidad de líquido posible para cocinar y así intensificarás el sabor del platillo. Ten en cuenta que algunos ingredientes (por ejemplo, los jitomates y el pollo) soltarán líquido durante la cocción, además de que siempre puedes añadir un poco más de caldo a un platillo terminado de ser necesario.

**Acentúa el sabor en la olla interna.** Los cocineros profesionales crean sabor con la costra que se adhiere a la sartén después de dorar carnes, al igual que con sus jugos. Muchas de las recetas en este libro comienzan en la olla interna, cuando se dora la carne para sopas y estofados, o cuando se hace una salsa base con la función **Sauté (Saltear)**.

**Agrega pequeñas cantidades de grasa para añadir sabor.** Guarda la grasa descremada del pollo, el cerdo o el pato para usarla, en lugar de aceite vegetal, en el salteado inicial de recetas para sopas y guisos.

**Dora sobre papel de aluminio.** Las aves con piel (pollo, pato y pavo) tienden a pegarse y romperse mientras se doran. Suelo forrar el fondo de la olla interna con papel de aluminio para dorar encima de este. También puedes dorarlas *después* de cocerlas (ver la entrada siguiente). Eso también funciona para asar jitomates y tomates verdes.

**Dora al final, no al principio.** Intenta dorar las aves después de cocerlas, para evitar que se rompa la piel. Cuando termine el ciclo de cocción, deja que la carne repose durante 15 minutos para que absorba su jugo. Saca la pieza de la olla, sécala con una toalla de papel y dórala en una sartén o bajo un asador, justo antes de servir. También puedes dorar otras preparaciones delicadas, como las albóndigas, después de cocerlas.

**Cubre los alimentos con papel de aluminio para mantenerlos húmedos.** Colocar una hoja de papel de aluminio sobre los alimentos crea una trampa de vapor, manteniéndolos húmedos. Te recomiendo hacerlo si estás cocinando pollo, o si sustituyes el pollo por res o cerdo en cualquier receta. Yo envuelvo el pavo completamente con papel de aluminio antes de cocerlo, y uso la misma técnica para algunos postres.

**Usa la rejilla de acero inoxidable.** Cuando preparo una receta al vapor, prefiero usar la rejilla de acero inoxidable con asas largas que viene incluida en la mayoría de las Instant Pots. Facilita meter y sacar moldes y alimentos grandes de la olla. Siempre usa guantes para horno cuando saques la rejilla caliente.

**Los pasos aumentan el sabor.** Es común que las recetas mexicanas tengan múltiples pasos (como tostar, remojar, moler y asar chiles secos para una salsa), y cada uno incrementa ese sabor tradicional. ¡No te los saltes!

**Menos es más.** Intensifica el sabor de los jugos de la cocción y de las salsas cociéndolos a fuego lento dentro de la olla interna. Puedes espesar las salsas para los aderezos añadiendo un poco de almidón de maíz mezclado con algún líquido durante los últimos minutos de cocción.

**Deja que los alimentos reposen después de su cocción.** No sirvas la comida de inmediato. Tal vez se debe a la presión en la Instant Pot, pero me he dado cuenta de que el sabor de todo lo que preparo mejora cuando dejo que repose —o quizá, que se descomprima— antes de servirlo, durante al menos 15 minutos, preferentemente de 30 minutos a una hora. La sazón se rectifica por sí misma, los sabores de las especias reaparecen y las carnes se tornan más suculentas. ¡Los estofados y las sopas sabrán todavía mejor al día siguiente!

**Usa menos sal.** Sazona ligeramente al principio y, si es necesario, rectifica la cantidad de sal después de la cocción y del reposo de 15 minutos.

**Tal vez a algunas personas les gusta el picante.** El picor de los chiles tiende a impregnar el platillo y se intensifica mientras se cocinan los alimentos. Busca un picor medio y, si te gusta la comida picante, ten una botella de salsa picante en la mesa.

**Ajusta los tiempos de cocción.** Después de probar una receta, siéntete libre de aumentar o disminuir el tiempo de cocción.

**Usa la función Keep Warm (Calentar) con prudencia.** Una vez que haya terminado el ciclo de cocción y hayas liberado la presión, revisa si el platillo está listo y pruébalo. Después, usa la función Keep Warm para mantenerlo caliente o para servirlo desde la Instant Pot en un bufet.

**Termina con algo fresco.** La comida mexicana siempre se sirve acompañada de un alimento fresco: salsa fresca, cebolla picada o cilantro picado son comunes. Los tacos mejoran mucho con un poco de queso Cotija rallado, y las sopas y los caldos se benefician con una cucharada de crema fría.

**Sazona al gusto.** Después de que los alimentos estén cocidos a tu gusto y hayan reposado al menos 15 minutos, pruébalos por última vez antes de servir. ¿Necesitan una pizca de sal o unas gotas de jugo de limón? Asegúrate de que sepan ¡al gusto!

## Utensilios de cocina esenciales

**Licuadora.** Es necesaria una licuadora potente, por lo menos con dos velocidades, para preparar salsas picantes y moles.

**Comal o sartén de hierro.** Una plancha de hierro, o *comal*, o una sartén de hierro se utilizan para calentar tortillas y preparar tacos o burritos, para tostar tortillas y preparar tacos dorados, para quemar jitomates o asar chiles (ver Tiempos, página 3).

**Procesador de alimentos.** Un procesador de alimentos que tenga un tazón de 2 cuartos de galón, una sola velocidad y un botón de pulso es todo lo que necesitas.

**Licuadora de inmersión.** También llamada bastón o licuadora manual, esta útil herramienta te permite terminar muchas salsas y sopas dentro de la Instant Pot.

**Colador o molino de alimentos.** Un colador grueso de malla metálica, de 8 pulgadas de diámetro, es ideal para colar caldos y salsas picantes, enjuagar arroz u otros ingredientes, y cernir harina. Con un molino de alimentos manual, el cual se coloca sobre un tazón, puedes producir moles y salsas aterciopelados más rápida y eficientemente, que si los aplastaras contra el colador.

**Utensilios.** Es preferible utilizar espátulas de silicona y madera, en lugar de metal, para no rayar la olla interna de la Instant Pot. Necesitarás una cuchara grande con ranuras y un cucharón para sacar los alimentos calientes de la olla interna. Las pinzas de metal siempre son útiles para manipular alimentos calientes, transferir alimentos y voltear tortillas, chiles o carnes.

## Guía de chiles mexicanos

Los chefs mexicanos utilizan la inmensa variedad de chiles que tienen a su disposición, muchos de ellos endémicos del país. Los chiles que más se consumen están disponibles frescos y secos, y se usan de distintas formas. Principalmente, se agregan para dar sabor —no picor— y muchos platillos conocidos, como el mole, no son tan picantes.

Cualquier paso en una receta que incluya chiles frescos o secos —asarlos, tostarlos, remojarlos, molerlos o freírlos— es esencial para desarrollar un sabor auténticamente mexicano, y nunca debe ignorarse. Si te preocupa que un chile sea demasiado picante, puedes quitarle las semillas y las venas, o sustituirlo por un chile de sabor más suave.

### CÓMO ASAR CHILES FRESCOS

Los chiles frescos casi siempre se asan o se queman para realzar su sabor antes de usarlos en una receta.

Para asar chiles más grandes, como los poblanos, los Anaheim o los chiles verdes de Nuevo México, enciende una hornilla y acomoda el chile directamente sobre la llama, volteándolo ocasionalmente con unas pinzas hasta que se ampolle uniformemente y esté ligeramente quemado por todos lados. También puedes quemar los chiles bajo un asador caliente, tan cerca como sea posible de la fuente de calor, volteándolos cuantas veces sea necesario hasta que formen ampollas y se oscurezcan ligeramente. Envuélvelos en toallas de papel hasta que se enfríen, luego quita los tallos, ábrelos y saca las semillas. Frótalos con una toalla de papel para quitarles la piel quemada, y continúa con la receta como se indica.

Para asar chiles frescos más pequeños, como serranos o jalapeños, cubre el fondo de la Instant Pot con papel de aluminio y presiona **Sauté (Saltear).** (En su lugar, puedes utilizar una sartén de hierro a fuego alto). Acomoda los chiles enteros sobre el papel (sin aceite) y ásalos por todos lados, volteando ocasionalmente, hasta que se formen ampollas.

## CHILES FRESCOS

Estos son los chiles frescos más utilizados en la gastronomía mexicana, listados del más suave al más picante.

**Pimiento morrón.** Por lo general, se usan los verdes y los rojos, pero también hay pimientos amarillos, anaranjados y morados. Son muy suaves y puedes sustituirlos por cualquier chile más picante.

**Anaheim (chilaca).** Grandes, delgados y de color verde pálido, estos chiles son suaves, pero tienen un verdadero sabor a chile, aunque puedes sustituirlos por chiles poblanos más picantes en cualquier receta. Debes asarlos, pelarlos y desvenarlos (ver abajo) antes de usarlos. Los chiles Anaheim secos se llaman chiles California o guajillo.

**Poblano.** Estos chiles largos, brillantes y de color verde oscuro tienen un sabor fuerte, casi ahumado, y también pueden ser picantes. Suelo usar una mezcla de chiles poblanos y Anaheim para obtener el mejor sabor y controlar el nivel de picor. Al igual que los Anaheim, antes de usarlos debes asarlos, pelarlos y quitarles las semillas. Secos, se les llama chiles anchos o pasilla.

**Verde de Nuevo México.** Parecidos a los Anaheim, estos chiles son más oscuros y prediciblemente picantes: a veces *muy* picantes. Antes de usarlos, debes asarlos, pelarlos y quitarles las semillas. Son de temporada y a veces se venden como chiles Hatch.

**Jalapeño.** Pequeños, gordos y de un verde brillante, a veces con tonalidades rojizas, los jalapeños siempre dan un golpe, pero su nivel de intensidad varía. Puedes picarlos finamente (con o sin semillas) y añadirlos a salsas crudas, como Pico de gallo (página 139). Si los asas y les quitas las semillas, puedes usarlos en salsas o cortarlos en rajas. El Encurtido de jalapeños y zanahorias (página 149) es un favorito de la gastronomía mexicana. Cuando están maduros, secos y ahumados, se conocen como chipotles o chiles mecos.

**Serrano.** Son pequeños, de color verde oscuro y delgados. Tienen mucho sabor y son más picantes que los jalapeños. Por lo general, se usan crudos, rebanados o picados finamente (con o sin semillas). Si los jalapeños no son lo suficientemente picantes para ti, sustitúyelos por serranos.

**Habanero.** Si te gusta el picante, este chile es para ti. Este pequeño chile de color anaranjado brillante tiene un picor penetrante que hace que te hormigueen los labios. Manipúlalo con cuidado y lávate las manos después de tocarlo.

## CHILES SECOS

El sabor de los chiles secos se extrae tostándolos directamente sobre el fuego, y florece en toda su complejidad cuando se remojan en un poco de agua. Una vez que se suavizan, puedes molerlos y agregarlos a la receta, hirviéndolos a fuego lento con otros ingredientes, o friéndolos para intensificar su sabor. (Ver Por qué freír una salsa, página 140).

Tuesta los chiles, acomodándolos en una sartén seca y presionándolos firmemente con una espátula, hasta que se empiecen a formar ampollas, se suavicen y se oscurezcan; ten cuidado de no quemarlos. Voltea los chiles y repite la operación. Pasa los chiles a un tazón y vierte agua hirviendo encima de estos, como indica la receta. Una vez que se hayan remojado el tiempo indicado, ponlos en la licuadora y muélelos con otros ingredientes, siguiendo las instrucciones de la receta. Asegúrate de moler los chiles durante varios minutos hasta obtener una consistencia suave, raspando los costados de la licuadora una o dos veces. Puedes pasar los chiles licuados por un molino de alimentos o un colador grueso, para eliminar de la salsa cualquier rastro de piel o fibra. Usa el puré de chile como indique la receta.

Cuando compres chiles secos, asegúrate de que sean flexibles y que no se desmoronen o estén empolvados.

Estos son los chiles secos más utilizados en la gastronomía mexicana, listados del más suave al más picante. El nivel de picor puede variar de un chile a otro, dependiendo del lugar de cultivo y la temporada. Siempre revisa su nivel de picor y ajusta el balance de chiles a partir de ello.

### MANIPULAR CHILES SECOS

Usa guantes si es posible. Limpia cada chile con una toalla de papel. Quita el tallo y haz un corte longitudinal a un costado del chile. Saca todas las semillas y las venas, y prepáralo como indica la receta.

Tuesta los chiles directamente en la olla interna de la Instant Pot con la función Sauté (o usa una sartén de hierro a fuego medio-alto).

**Ancho.** Un sabor profundo a fruta, heno, tabaco y chocolate caracteriza a este chile rojizo o negro, ancho, de 3 a 4 pulgadas de largo. También conocido como pasilla, es la forma seca del chile poblano fresco.

**California.** Es la forma seca del chile Anaheim (chilaca). Es angosto, de un color rojo profundo y de 4 a 6 pulgadas de largo. Tiene un sabor suave y ligeramente afrutado, y se ve parecido al chile guajillo, que es más picante. Por lo general recomiendo una mezcla de guajillo y California para controlar mejor el nivel de picor.

**Guajillo (suave o picante).** Los chiles guajillo son delgados, de 4 a 6 pulgadas de largo, y tienen una piel suave y de color rojo oscuro. Es el chile más importante en la salsa para enchiladas. Tiene un sabor puro a chile, con más picor y mejor sabor que el California.

**Nuevo México.** Similar en apariencia al guajillo, este chile puede ser de color rojo oscuro o café rojizo. Tiene un sabor parecido al ancho, siempre picante, y a veces muy picante.

**Chipotle.** Los chipotles son chiles jalapeños secados al humo. Son de color marrón claro a medio, con la piel seca y curtida. Su sabor es ahumado, un poco más amargo y muy picante. (Los chiles chipotle enlatados en adobo son jalapeños secos, cocidos en salsa de vinagre, ajo y jitomate).

**Chile de árbol.** Es un chile pequeño, rojo y delgado, con muchas semillas, muy picante y con un tono amargo. Puedes quitarle las semillas, o dejarlas para preparar una salsa más picante.

## Ingredientes mexicanos

Los ingredientes frescos y de excelente calidad garantizan buenos resultados, sin importar lo que prepares.

**Achiote (bija u onoto).** Es una pasta hecha con las semillas del arbusto de achiote u onoto, mezcladas con otras especias. Se vende, en barras de 4 onzas, en las tiendas de alimentos mexicanos y caribeños. Cuando se cuece, esta pasta de color rojo brillante da un sabor único y sutil a platos como la Cochinita pibil (página 79) y los Tacos de pollo al achiote (página 39). Envuelto y refrigerado, el achiote dura casi indefinidamente. No existen sustitutos.

**Miel de agave (pita o maguey).** Hecha a partir del jugo de la planta de agave, esta miel tiene un sabor neutral. Úsala para atenuar el picor de los chiles (ver Tocino con glaseado de chipotle y miel de agave, página 80).

**Aguacate.** El de mejor sabor es el aguacate Hass, de piel oscura y rugosa y carne cremosa, de color verde pálido, con un alto contenido de grasa. Un aguacate maduro solo debe sentirse un poco blando si lo presionas suavemente en la zona del tallo.

**Hoja de plátano (banana).** También se conocen como hojas de banana o banano. Añaden un sabor único cuando se usan para envolver tamales (página 93) o Cochinita pibil (página 79). Son mejores frescas, pero en un apuro puedes usar hojas de plátano congeladas. Búscalas en tiendas de productos latinoamericanos o asiáticos. Aprende cómo prepararlas en la página 97.

**Carne de res.** Los cortes jaspeados darán el mejor resultado y el mejor sabor. La mayoría de las recetas de este libro usan aguja de res sin hueso (pueden decir en el empaque *beef chuck* o *pot roast*). Siempre compra carne de calidad. La carne de segunda tiene poco sabor, y puedes pagar más por algunos cortes sin que mejore el sabor. Evita la carne cortada para estofados porque puede contener cartílagos y otras partes. No retires la grasa antes de cocinar. Le añadirá sabor a la receta; es mejor quitarla al final.

**Caldo.** Un caldo lleno de sabor mejorará todo lo que prepares, desde sopas hasta estofados, y le añadirá valor nutricional. Los caldos de pollo y de res Uno-Dos-Tres (páginas 154 y 156) tienen mucho sabor y se preparan rápido y fácilmente en la Instant Pot. Yo uso la carne en otras recetas y congelo el caldo en bolsas para congelador de 1 cuarto de galón, para tener siempre a mano. En cualquier receta, puedes sustituirlo por caldo de pollo o de carne enlatado (de buena calidad y bajo en sodio, o sin sal), diluido en la misma cantidad de agua.

**Queso.** El queso Monterey Jack es suave y gratina bien, por lo que es una buena opción en general. El queso Chihuahua, también conocido como menonita, es un queso de bloque suave que gratina a bajas temperaturas y no forma hebras. Puedes usarlo en lugar del queso Oaxaca, similar al queso mozzarella, que sí forma largas tiras cuando se derrite. Puedes esparcir Cotija salado y desmoronado sobre frijoles, sopas y tacos, como toque final. Si no lo encuentras, sustitúyelo por un queso de cabra añejo y seco, o un queso *ricotta* salado.

**Chicharrón (piel frita de cerdo, puerco o chancho).** Esta delicia crujiente se derretirá en tu boca. Usa pequeños trozos para añadir textura y sabor a platillos como las Albóndigas de cerdo en salsa verde con chicharrón (página 76). También saben de maravilla en los tacos, o sobre una Ensalada de nopales (página 114). El chicharrón se ablandará un poco en salsas o ensaladas.

**Pollo.** Entre mejor sea el pollo, mejor será el platillo. El pollo de pastoreo libre (de preferencia, orgánico) es el de mejor sabor. Como es costumbre en México, algunas recetas en este libro requieren que el pollo se cocine en piezas enteras, con piel y huesos, para aumentar el sabor. Es fácil retirar la piel y los huesos antes de servir. Sin embargo, puedes sustituirlas por la misma cantidad de pollo, sin hueso. Ten cuidado de no cocerlo de más; puede hacerse pasta con facilidad. El pollo estará listo cuando puedas introducir sin dificultad, en la parte más gruesa, la punta de un cuchillo. Debes cocerlo a una temperatura interna de 165° F.

**Chocolate.** El chocolate mexicano está mezclado con almendra molida, azúcar, canela y cardamomo. La mejor marca es Ibarra, y se vende en una distintiva caja amarilla y roja. El Pollo con mole (página 34) lleva una pequeña cantidad de chocolate. Ralla un poco sobre helado o crema batida.

**Maíz (elote, choclo o mazorca).** El maíz fresco se llama elote. Asado en una parrilla, hervido, o cocido sobre una plancha, con mantequilla y chile (Esquites, página 105), es una de las botanas favoritas en México.

**Crema.** La crema espesa mexicana es un complemento exquisito para sopas, enchiladas o postres. Puedes sustituirla por cualquier crema agria comercial de calidad.

**Manteca fresca.** Es grasa de cerdo semilíquida y se vende, envasada, en las tiendas de productos mexicanos. También puedes usar la grasa blanca que sobre cuando prepares Carnitas (página 73). La manteca fresca huele y sabe muy bien —como las Carnitas— y le da a los platillos un sabor sutil y profundo. Si no tienes acceso a manteca fresca o grasa de Carnitas, usa un aceite vegetal neutral, como aceite de maíz o de canola, o alguna grasa 100 por ciento vegetal. No la sustituyas por los bloques de manteca blanca que venden en los supermercados; son grasas hidrogenadas que se utilizan en panadería y para preparar tortillas.

**Ajo.** Para obtener el mejor sabor, compra cabezas enteras de ajos frescos y pela los dientes que necesites. (Los dientes de ajo pelados o picados finamente que venden algunas tiendas saben horribles. ¡Tu cocina merece algo mejor!). Para pelar los ajos, presiona el diente con el costado de un cuchillo de cocina para aflojar la piel y quitarla. Cuando vayas a picarlo finamente, rebánalo primero y luego rocíalo con una pizca de sal antes de picarlo. La sal evitará que el ajo se pegue al cuchillo.

**Limones.** Con muchas sopas y tacos se sirven limones recién cortados. Un toque de jugo de limón recién exprimido despierta los sabores de los alimentos mejor que cualquier sazonador. Los limones verdes —pequeños, de piel delgada y tono verde amarillento— tienen mejor sabor. No los sustituyas por jugo de limón amarillo o jugo de limón embotellado.

## HIERBAS

**Cilantro.** El cilantro fresco tiene un olor y un sabor distintivos. Es fundamental para preparar salsas crudas, como complemento de los tacos, y en la Salsa verde (página 140) y el Arroz verde (página 131). El sabor fresco desaparece rápidamente, así que pícalo justo antes de utilizarlo. No hay ingrediente que sustituya su sabor pero, si no te gusta el cilantro, pica finamente hojas de perejil para añadir un toque verde a tus platillos.

**Epazote.** Nativo de América, el epazote tiene un sabor fuerte e inusual, con toques de orégano y menta. Usa puñados generosos para dar sabor a los elotes, los frijoles, los guisados y las sopas. Puedes sustituir las hojas frescas de epazote por hojas secas. Yo lo compro fresco cuando lo encuentro y lo seco yo misma. Es fácil cultivar epazote en tu cocina en casi cualquier zona climática. Puedes sustituirlo por cantidades similares de mejorana fresca o seca.

**Mejorana.** Esta hierba de sabor suave llegó a México en el siglo XVI, traída por los monjes españoles. Tiene un sabor floral y terroso, parecido al del orégano.

**Orégano mexicano.** Es muy fragante, con un sabor más dulce y suave que el orégano mediterráneo (griego o italiano). Se puede comprar, seco, en las tiendas de productos mexicanos. Si no puedes conseguir orégano mexicano, sustitúyelo por mejorana fresca o seca.

**Perejil.** Puedes esparcir sobre tus platillos esta hierba de sabor suave, para añadirles un toque de color verde y sabor fresco, o agregarlo a sopas y mezclarlo con la carne de tus albóndigas.

**Masa de nixtamal.** Se prepara con maíz seco, tratado con cal molida y hervido. La masa se puede preparar con harina de nixtamal fresca (Ver Tamales básicos, página 94), adquirida en las tortillerías de la mayoría de las tiendas de productos mexicanos, o preparada en casa.

**Nopales.** Los nopales son las lengüetillas pequeñas y tiernas del cactus llamado nopal. Se cortan las espinas, se pican las lengüetillas y se hierven hasta que estén suaves. Su delicioso sabor es similar al de los ejotes cocidos. Altos en nutrientes, los nopales pueden servirse como ensalada (página 114) o pueden añadirse a cualquier guisado. Puedes comprarlos en tiendas de productos mexicanos o latinoamericanos.

**Aceite.** Para cocinar, usa un aceite vegetal de sabor neutro, como canola o maíz. Usa aceite de oliva solo cuando se especifique.

**Cebollas.** Las cebollas de color amarillo *solo* deben usarse para cocinar. Las cebollas blancas o moradas, combinadas con cilantro, son un condimento común en la mesa y proveen el toque final perfecto de los tacos. Para preparar salsas crudas, como Pico de gallo (página 139), o para decorar, usa cebollas blancas o moradas. Puedes enjuagar las cebollas crudas con agua fría y luego colarlas, para mitigar su sabor.

**Piloncillo.** Es un azúcar moreno sin refinar, levemente dulce, con un ligero sabor a melaza. El piloncillo se vende en conos duros que debes aplastar antes de usar. Generalmente se disuelve en líquido, pero también es delicioso espolvoreado sobre pasteles o fruta. Para aplastarlo, mete el azúcar en una bolsa de plástico, envuélvela en una toalla de cocina, y golpéala con un martillo o una sartén pequeña. El azúcar mascabado de caña (azúcar sin refinar) es un buen sustituto.

**Plátanos machos (plátano verde o banana grande).**
Conocido también como plátano verde, el plátano macho es el miembro grande y almidonado de la familia platanera. Estos se venden en las tiendas de productos asiáticos, mexicanos, latinoamericanos y caribeños. Elige plátanos machos (plátanos verdes, bananas grandes) que estén firmes y tengan la piel amarilla y la punta verde. Evita los plátanos con piel oscura.

**Cerdo (puerco o chancho).** La paletilla (*pork shoulder*) sin hueso (también conocida como paleta) es el corte perfecto para muchas recetas de este libro, desde carnitas hasta guisados. No le quites la grasa antes de cocerla; dará un sabor fabuloso mientras se cuece, y puedes retirarla después.

**Papas.** Elige papas blancas, rojas o Yukon Gold, si quieres que se mantengan en una sola pieza. Para hacer puré, las mejores son las Yukon Gold y las blancas.

**Arroz.** La mayoría de las recetas de la Instant Pot funcionan mejor con arroz blanco de grano largo, o con arroz integral. El arroz Arborio de grano corto es la mejor elección para los budines de arroz. No uses arroz oriental de grano corto. Para consejos sobre su cocción, ver Arroz perfecto (página 130).

**Sal.** Usa sal *kosher* o sal de mar. La sal de mesa yodada tiene un ligero amargor.

**Chorizo:** El chorizo mexicano es una salchicha fresca y suave, de cerdo o de res, sazonada con ajo, chiles secos, pimienta negra y vinagre. Debe estar bien cocido antes de comerlo. No lo sustituyas por chorizos españoles ni filipinos, que son salchichas secas.

**Especias.** Dada la influencia española en la gastronomía mexicana a partir de la colonización en el siglo XVI, la canela de Ceilán, el clavo de olor y otras especias dulces comenzaron a usarse junto con la pimienta negra para preparar platillos salados, tales como los moles. Otras especias comunes en la gastronomía mexicana son la pimienta gorda (de Jamaica) (cuyo sabor es parecido al de una mezcla entre pimienta y canela), las hojas de laurel y el comino.

**Consomé.** Ver la entrada Caldo.

**Tomate verde (tomatillo o tomate de fresadilla).** Son pequeños tomates verdes con cáscara, de sabor fresco y ácido. Elige tomates pequeños o medianos para obtener los mejores resultados. Antes de usarlos, retira las cáscaras y lávalos bien con agua caliente, para eliminar la capa pegajosa.

**Jitomates (tomates).** Los carnosos jitomates *saladette* (Roma o guaje) son la mejor opción para la cocina mexicana. Otros tipos de jitomates son demasiado jugosos y están llenos de semillas. Puedes intensificar el sabor de los jitomates frescos quemándolos o moliéndolos sin semillas en una licuadora, y luego friendo el puré. Para quemar los jitomates, cubre el fondo de la olla interna de la Instant Pot (o de una sartén de hierro) con papel de aluminio y presiona **Sauté (Saltear).** Acomoda los jitomates enteros directamente sobre el papel (no añadas aceite) y permite que se quemen antes de voltearlos. Quémalos por todos lados. Para platillos cocidos, una lata de jitomates asados en jugo es un sustituto aceptable.

**Tortillas.** Las tortillas de maíz frescas y calientes se usan en casi todas las comidas y, por supuesto, no puedes comer un taco auténtico sin una tortilla de maíz. (ver la página 158 para preparar tus propias tortillas).

**capítulo 1**

# SOPAS

# SOPA DE TORTILLA CON POLLO

**Rinde 2–4 porciones**

2 chiles guajillo, sin tallo, desvenados y troceados

1 taza de agua hirviendo

2 jitomates *saladette* (tomates Roma o guaje)

2 tomates verdes (tomatillos o tomates de fresadilla), sin cáscara, cortados en trozos gruesos

2 dientes de ajo, pelados

½ cebolla blanca grande, picada finamente (¾ de taza, aproximadamente), más ¼ de taza de cebolla blanca, picada, para decorar

1 cucharada de aceite vegetal

½ zanahoria pequeña, pelada, cortada en bastones o cubos pequeños

½ chile Anaheim (chilaca), desvenado y picado (¼ de taza, aproximadamente)

1½ libras de muslos de pollo, sin hueso y sin piel

6 tazas de caldo de pollo

1 cucharadita de sal *kosher*

2 tazas de julianas de tortilla tostada, o totopos (chips de tortilla), cortados en trozos pequeños

½ taza de queso Monterey Jack o cheddar, rallado

1 aguacate maduro, cortado a la mitad, sin hueso, pelado y picado

¼ de taza de hojas de cilantro fresco, picadas

1 limón cortado en cuartos, para acompañar

Esta clásica receta es el epítome de la comida casera mexicana, ideal para un delicioso caldo de pollo. Sírvela en tazones grandes, acompañada con cuartos de limón. Para consejos sobre cómo elegir y preparar los tomates verdes, ver la página 13.

---

Pasa los trozos de chile por la licuadora y vierte el agua hirviendo. Déjalos remojar durante 10 minutos, hasta que se suavicen; luego cuélalos y desecha el agua.

Corta 1 jitomate en cuartos, sácale el centro y las semillas y deséchalos. Pica los cuartos en trozos y añádelos a la licuadora. Quita el centro y las semillas del jitomate restante, y reserva.

Añade los tomates verdes, el ajo y ½ taza de la cebolla picada, y licúa hasta obtener una consistencia suave, raspando los costados de la licuadora si es necesario. No añadas agua.

Presiona **Sauté-high (Saltear-alto)** en la Instant Pot y calienta el aceite. Añade el jitomate picado, el resto de la cebolla picada, la zanahoria y el chile Anaheim, y saltéalos durante alrededor de 1 minuto, hasta que se suavicen. Agrega el puré de chile y cocina, moviendo, hasta que la mezcla esté un poco seca y empiece a adherirse a la olla. Presiona **Cancel (Cancelar)**.

Agrega el pollo, el caldo y la sal. Asegura la tapa y establece la liberación de presión en **Sealing (Sellar)**. Presiona **Soup (Sopa)** y fija el tiempo de cocción en 20 minutos.

Cuando termine el programa de cocción, presiona **Cancel**. Realiza una liberación rápida de presión moviendo la perilla de liberación a **Venting (Ventilar)**. Abre la olla y pasa el pollo a un plato. Deshébralo en trozos pequeños con ayuda de dos tenedores.

Divide el pollo en cantidades iguales en tazones calientes. Acomoda julianas de tortilla, el queso y cebolla picada sobre cada porción de pollo, luego sirve el caldo caliente encima. Decora con aguacate y cilantro y sirve de inmediato, acompañando con los cuartos de limón.

# SOPA DE ALBÓNDIGAS DE RES Y ELOTE

Es divertido preparar y comer albóndigas. Las de esta receta tienen sabor a tocino ahumado, comino y chipotle. Este suculento caldo es ideal como platillo principal en una noche fría. Complementa con ensalada y Arroz blanco (página 134). La calidad del platillo dependerá del caldo que utilices, así que usa caldo de res casero. El chicharrón le añade un contrapunto crujiente y delicioso a la suavidad de las albóndigas.

---

En la licuadora, combina los jitomates y 1 diente de ajo hasta obtener una consistencia suave. Pasa la mezcla a un tazón.

En el procesador de alimentos, muele finamente la cebolla y los 4 dientes de ajo restantes. Pasa la mezcla a otro tazón grande. Agrega el tocino picado al procesador de alimentos y pulsa hasta picarlo finamente. Agrégalo al tazón de cebolla y ajo, junto con la sal, la pimienta negra, el comino, las hojuelas de chile de árbol, la clara de huevo, la mitad del cilantro, los granos de elote y ¾ de taza de queso Cotija. Revuelve hasta integrar, añade la carne molida y, usando tus manos, mezcla todo para distribuir los ingredientes uniformemente. Humedece tus manos y forma 24 bolas con la mezcla, cada una de 1½ a 2 pulgadas de diámetro, y acomódalas en un plato.

Presiona **Sauté-high (Saltear-alto)** en la Instant Pot y calienta el aceite. Aunque tengas que hacerlo en partes, acomoda las albóndigas en una sola capa y cocínalas, volteándolas ocasionalmente por alrededor de 5 minutos, hasta que se doren por todas partes. Pasa las albóndigas a un plato limpio. Añade el puré de jitomate a la olla y cocínalo, moviendo ocasionalmente por alrededor de 5 minutos, hasta que se espese, y raspando cualquier parte dorada que se adhiera al fondo de la olla.

Regresa las albóndigas a la olla y vierte el caldo. Presiona **Cancel (Cancelar)**. Asegura la tapa y establece la liberación de presión en **Sealing (Sellar)**. Presiona **Pressure Cook (Cocción a presión)** y fija el tiempo de cocción en 5 minutos.

Cuando termine el programa de cocción, presiona **Cancel**. Realiza una liberación rápida de presión moviendo la perilla de liberación a **Venting (Ventilar)**. Abre la olla y agrega el cilantro restante. Prueba y rectifica la sazón con sal, si es necesario.

CONTINUADO

## Rinde 4–6 porciones

2 jitomates *saladette* (tomates Roma o guaje), sin centro

5 dientes de ajo grandes, pelados

½ cebolla blanca pequeña, cortada en trozos

3 rebanadas gruesas de tocino (tocineta o panceta)

1 cucharadita de sal *kosher*

1 cucharadita de pimienta negra, recién molida

1 cucharadita de comino molido

½ cucharadita de hojuelas de chile de árbol

1 clara de huevo grande

⅓ de taza de hojas de cilantro, picadas finamente

1 taza de granos de elote (maíz o choclo), frescos, cocinados o descongelados

4 onzas de queso Cotija, desmoronado (1 taza)

1 libra de carne de res molida (90% magra)

3 cucharadas de aceite vegetal

8 tazas de Caldo de res Uno-Dos-Tres (página 156)

**PARA SERVIR**

Chile chipotle en polvo

Cebolla blanca, picada

Chicharrón (piel frita de cerdo, puerco o chancho), desmoronado

Cuartos de limón

Usa una cuchara con ranuras para distribuir las albóndigas en porciones iguales en tazones calientes. Sirve el caldo caliente encima. Esparce 1 cucharada del queso Cotija restante en cada tazón y sirve de inmediato, acompañando con el chile chipotle en polvo, la cebolla picada, el chicharrón y los cuartos de limón.

### VARIACIÓN

Para preparar albóndigas de pavo y elote, sustituye la carne de res por pavo oscuro, molido. Para albóndigas de pollo y elote, usa carne oscura de pollo, molida.

Para una versión que incluya col rizada (*kale*, repollo rizado o berza) y/o papas, añade 1 taza de hojas de col rizada cortadas en julianas y/o 4 onzas de papas Yukon Gold peladas y picadas, después de agregar el caldo.

# SOPA DE FRIJOLES PINTOS CON CHORIZO Y TORTILLAS FRITAS

Esta sopa es exquisita y de mucho sabor, tanto que parece una exageración. Los frijoles pintos, como todos los frijoles, son muy nutritivos y saludables. Si deseas un platillo vegetariano, usa chorizo de soya y omite el tocino (tocineta o panceta) y el codillo (*hock*, lacón o corvejón) en la preparación de los frijoles. Una vez que hayas preparado los Frijoles pintos vaqueros (ver página 129), tendrás lista esta sopa en cuestión de minutos.

---

En una sartén de hierro pequeña, calienta el aceite a fuego medio-alto hasta que brille. Añade los cuadrados de tortilla y fríelos, moviendo frecuentemente, durante 1 a 2 minutos, o hasta que estén dorados y crujientes. Con una cuchara con ranuras, saca los cuadrados y acomódalos en un plato, sobre toallas de papel para absorber el exceso de aceite.

En la misma sartén, añade el chorizo. Cocínalo a fuego medio-alto entre 6 y 8 minutos, hasta que esté bien cocido, rompiendo la carne en trozos pequeños con la parte posterior de una cuchara de madera.

Con la licuadora de inmersión, muele los frijoles (más la carne y los trozos de chile) directamente en la Instant Pot hasta obtener una consistencia suave. Prueba y rectifica la sazón con sal y pimienta, si es necesario. Sirve la sopa en tazones calientes y rocía un poco de crema encima. Decora con el chorizo y el pico de gallo, y esparce la tortilla y la cebolla (si la usas) encima. Sirve de inmediato.

## Rinde 4 porciones

2 cucharadas de aceite vegetal

2 tortillas de maíz, cortadas en cuadrados de ½ pulgada

4 onzas de chorizo mexicano, sin tripa

1 preparación de frijoles (habichuelas, porotos, caraotas) pintos vaqueros (página 129), solo cocidos, calientes

Sal *kosher* y pimienta negra, recién molida

⅓ de taza de crema mexicana o crema agria

⅓ de taza de Pico de gallo (página 139)

Se puede usar cebolla blanca o morada troceada, o rodajas finas de cebollino a la hora de servir (opcional)

# SOPA DE FRIJOLES NEGROS

**Rinde 4–6 porciones**

1½ tazas de frijoles (habichuelas, porotos o caraotas) negros secos

2 cucharadas de aceite vegetal

1 cebolla blanca o amarilla pequeña, picada (1 taza, aproximadamente)

4 dientes de ajo picados finamente

3 cucharadas de tocino de soya (opcional)

1½ cucharaditas de comino molido

1½ cucharaditas de páprika (pimentón) ahumada o chile ancho en polvo

1½ cucharaditas de orégano mexicano seco

1 hoja de laurel

½ cucharadita de pimienta negra, recién molida

1 chile guajillo, sin tallo, desvenado y troceado

1 cucharadita de hojuelas de chile de árbol o 1 chile de árbol

2 cucharaditas de sal *kosher*

6 tazas de agua o caldo de verduras, más la necesaria

1 lata de 14½ onzas de jitomates (tomates) asados, picados, más su líquido

10 hojas de epazote fresco, cortadas en julianas

Los frijoles negros, también llamados caraotas negras, habichuelas negras, porotos negros o zaragozas negras, tienen un sabor fuerte, naturalmente ahumado. Esta sopa es suficiente para un almuerzo o cena ligeros o, en porciones más pequeñas, como complemento de los tacos. Con la Instant Pot puedes prepararla en 1 hora. Para una textura más cremosa, remoja los frijoles durante la noche. El epazote es una hierba nativa con un sabor fuerte a pimienta y aroma similar a la mejorana.

---

Coloca los frijoles en un tazón grande, cúbrelos con 4 tazas de agua y déjalos remojar a temperatura ambiente durante la noche. Cuélalos.

Presiona **Sauté-normal/medium (Saltear-normal/medio)** en la Instant Pot y calienta el aceite. Añade la cebolla, el ajo y el tocino de soya (si quieres usarlo), y cocínalos, moviendo ocasionalmente por alrededor de 2 minutos, hasta que se suavicen. Agrega el comino, la páprika, el orégano, el laurel, la pimienta negra, el chile guajillo y las hojuelas de chile de árbol. Cocina moviendo durante 1 minuto. Presiona **Cancel (Cancelar)**.

Agrega los frijoles colados a la olla, junto con la sal, el agua, los jitomates con su líquido y el epazote. Asegura la tapa y establece la liberación de presión en **Sealing (Sellar)**. Presiona **Beans (Frijoles)** y fija el tiempo de cocción en 30 minutos.

Cuando termine el programa de cocción, presiona **Cancel**. Permite que la presión se libere naturalmente durante 30 minutos, luego mueve la perilla de liberación a **Venting (Ventilar)** para liberar el vapor restante. Abre la olla y prueba un frijol; debe estar cremoso y suave. Si no, asegura la tapa una vez más y establece la liberación de presión en Sealing. Presiona **Pressure Cook (Cocción a presión)** y fija el tiempo de cocción en 5 minutos.

Cuando termine el programa de cocción, presiona **Cancel**. Permite que la presión se libere naturalmente durante 10 minutos, luego mueve la perilla de liberación a **Venting** para liberar el vapor restante.

Retira y desecha la hoja de laurel. Introduce la licuadora de inmersión en la olla y pulsa un par de veces para espesar la sopa ligeramente, sin hacerla puré. Prueba y rectifica la sazón con sal y pimienta, si es necesario. Sirve la sopa en tazones calientes y decora con crema agria, cilantro, cebollitas de cambray y pico de gallo. Sirve de inmediato y acompaña con Salsa de chile habanero.

**NOTA** Para darle más sabor, decora la sopa con queso Cotija, rallado; chorizo mexicano, cocido y desmoronado; pollo o res, cocidos, o jamón picado o tocino (tocineta o panceta), cocido y cortado en trozos.

Para preparar frijoles negros básicos (para servir como guarnición o como relleno de burritos y tamales), no los licues. Prueba y rectifica la sazón con sal y pimienta al gusto.

**PARA SERVIR**

Crema agria o yogurt griego natural

Hojas de cilantro frescas, picadas

Cebollitas de cambray (cebolletas o cebollín) rebanadas, solo la parte verde

Pico de gallo (página 139)

Salsa de chile habanero (página 144)

# SOPA DE LENTEJAS Y POLLO, CON VERDURAS

**Rinde 4–6 porciones**

2 cucharadas de aceite vegetal

8 onzas de muslos o pechugas de pollo, sin hueso o piel, cortados en trozos de 1 pulgada

½ cebolla blanca o amarilla, picada

1 tallo de apio picado

1 zanahoria, pelada y picada

4 dientes de ajo, picados finamente

2 hojas de laurel

1 cucharadita de hojas frescas de tomillo o de mejorana, o ½ cucharadita de tomillo o mejorana secos

¼ de cucharadita de hojas de romero fresco, picadas finamente

1 cucharadita de sal *kosher*

½ cucharadita de pimienta negra recién molida

2 tazas de lentejas verdes o marrón, enjuagadas y coladas

3 tazas de caldo de pollo

3 tazas de agua

4 tazas de rúcula (*arugula*); col rizada (*kale*, repollo rizado o berza), sin tallos y cortada en julianas; acelgas, sin tallos y cortadas en julianas, o poro (puerro), sin raíces y cortado en julianas

Las verduras de jardín y las silvestres, como la acelga y la verdolaga, tienen un papel muy importante en la gastronomía tradicional mexicana. Añaden sabor e incrementan el valor nutricional de esta sencilla sopa de alrededor de 30 minutos de preparación. Para obtener un sabor diferente, sustituye el pollo por pavo o pollo ahumados.

---

Presiona **Sauté-normal/medium (Saltear-normal/medio)** en la Instant Pot y calienta el aceite. Añade el pollo y cocínalo, moviendo ocasionalmente durante alrededor de 5 minutos, hasta que se dore ligeramente. Agrega la cebolla, el apio, la zanahoria y el ajo, y cocínalos, moviendo ocasionalmente durante alrededor de 5 minutos, hasta que las verduras se suavicen. Incorpora el laurel, el tomillo y el romero, y presiona **Cancel (Cancelar)**. Agrega la sal, la pimienta, las lentejas, el caldo y el agua.

Asegura la tapa y establece la liberación de presión en **Sealing (Sellar)**. Presiona **Soup (Sopa)** y fija el tiempo de cocción en 20 minutos.

Cuando termine el programa de cocción, presiona **Cancel**. Realiza una liberación rápida de presión moviendo la perilla de liberación a **Venting (Ventilar)**. Abre la olla y agrega las verduras de hoja verde. Vuelve a colocar la tapa, asegúrala y deja reposar la sopa por 15 minutos, hasta que las hojas se suavicen. Prueba y rectifica la sazón con sal y pimienta, si es necesario. Vierte la sopa en tazones calientes y sirve de inmediato.

### VARIACIÓN

Para una versión ahumada, usa 8 onzas de pollo o pavo ahumado cocido, cortado en trozos de 1 pulgada, en lugar de pollo sin hueso y sin piel. (Puedes comprar muslos de pollo o pavo ahumados en la mayoría de los supermercados).

Para una versión con hierbas "silvestres", usa poro silvestre, quelite cenizo (quinuilla o quelite de cocina) o verdolagas, en lugar de rúcula, col rizada o acelgas.

Para una versión con lentejas germinadas, sustituye las lentejas verdes o marrón por la misma cantidad de lentejas germinadas.

# SOPA DE ENCHILADA DE POLLO

Siempre tengo caldo de pollo y salsa en mi congelador, en bolsas de plástico. Sirven para recetas como esta sopa deliciosa, que tiene el sabor de las enchiladas, pero sin tanto alboroto. Con la Instant Pot, estará lista en 20 minutos. Prueba al final de la cocción, ya que el caldo y la salsa roja tienen sal.

Presiona **Sauté-high (Saltear-alto)** en la Instant Pot y calienta el aceite. Agrega el pollo, la cebolla y el ajo, y cocínalos, moviendo ocasionalmente durante alrededor de 5 minutos, hasta que el pollo esté opaco y se suavice la cebolla. Añade el arroz, la calabacita y la sal, y cocina, moviendo ocasionalmente, durante 2 minutos, hasta que se transparente el arroz. Incorpora el caldo y la salsa roja y presiona **Cancel (Cancelar)**.

Asegura la tapa y establece la liberación de presión en **Sealing (Sellar)**. Presiona **Soup (Sopa)** y fija el tiempo de cocción en 20 minutos.

Cuando termine el programa de cocción, presiona **Cancel**. Realiza una liberación rápida de presión moviendo la perilla de liberación a **Venting (Ventilar)**.

Abre la olla, prueba y rectifica la sazón con sal si es necesario. Sirve la sopa en tazones calientes y decora con una cucharada de crema agria y un poco de cebollitas de cambray.

## VARIACIÓN

Para preparar caldo de pollo picante con elote (maíz o choclo), agrega 1 taza de granos de elote frescos o descongelados con la calabacita.

**Rinde 4–6 porciones**

2 cucharadas de aceite vegetal

1½ libras de muslos de pollo, sin hueso y sin piel, cortados en trozos de ½ pulgada

1 cebolla blanca o amarilla pequeña, picada (1 taza, aproximadamente)

2 dientes de ajo grandes, picados finamente

½ taza de arroz blanco de grano largo, enjuagado y colado

1 calabacita (calabacín) pequeña, picada

1 cucharadita de sal *kosher*

4 tazas de caldo de pollo

4 tazas de Salsa roja (página 141) o salsa roja picante comercial

Crema agria, para decorar

Cebollitas de cambray (cebolletas o cebollín), rebanadas finamente, solo la parte verde, o cebolla blanca, picada, para decorar

# POZOLE ROJO CON CERDO

**Rinde 4–6 porciones**

1 cucharadita de aceite vegetal, más 1 cucharada

2 chiles guajillo, sin tallo, desvenados y troceados

2 chiles California o anchos, sin tallo, desvenados y troceados

1 chile de árbol, sin tallo y desvenado

¾ de taza de agua hirviendo

½ cebolla blanca o amarilla pequeña, picada

4 dientes de ajo grandes, rebanados

2 cucharaditas de comino molido

2 cucharaditas de orégano

1 cucharada de sal *kosher*

½ cucharadita de granos de pimienta negra

5½ tazas de caldo de res o de pollo, o agua

1 libra de huesos de cerdo (puerco o chancho) con carne

1 libra de huesos de chambarete de res (*beef shank*) o rabos con carne

1 codillo (*hock*, lacón o corvejón) de cerdo ahumado (12 onzas, aproximadamente)

1½ libras de paletilla de cerdo (*pork shoulder*), cortada en 4 piezas

1 lata de 28 onzas de maíz pozolero, más su líquido

El pozole no solo es una sopa, es todo un evento: un cuenco delicioso y suculento que bien vale el esfuerzo de un par de pasos extra. Los huesos son esenciales; usa huesos grandes para que sean más fáciles de manipular al final. Me gusta usar el corte de paletilla y el hueso grande de la paleta. El codillo añade notas ahumadas sutiles, mientras que los huesos de res o los rabos hacen que la sopa sea todavía más suculenta. Freír la salsa mejora el sabor de la sopa, así que no te saltes ese paso.

---

Presiona **Sauté-normal/medium (Saltear-normal/medio)** en la Instant Pot y calienta 1 cucharadita de aceite. Agrega el chile guajillo, el chile California y el chile de árbol, y cocínalos, moviendo ocasionalmente durante alrededor de 3 minutos, hasta que suelten su aroma. Presiona **Cancel (Cancelar)**.

Pon los chiles en la licuadora y agrega el agua hirviendo. Déjalos remojar durante 10 minutos, hasta que se suavicen. Desecha el agua.

Añade la cebolla, el ajo, el comino, el orégano, la sal, la pimienta y ½ taza de caldo a la licuadora. Muélelos hasta obtener una consistencia homogénea, raspando los costados de la licuadora si es necesario.

Presiona **Sauté-normal/medium** en la Instant Pot y calienta el resto del aceite. Agrega la salsa de chile y fríela, moviendo ocasionalmente durante alrededor de 5 minutos, hasta que se espese y se oscurezca. Ten cuidado de no quemarla. Presiona **Cancel**.

Acomoda los huesos de cerdo y de res en la olla, junto con el codillo. Acomoda uniformemente los trozos de paletilla encima. Añade el maíz pozolero y su líquido encima de la carne, y vierte después las otras 5 tazas de caldo.

Asegura la tapa y establece la liberación de presión en **Sealing (Sellar)**. Presiona **Meat/Stew (Carne/Estofado)** y fija el tiempo de cocción en 30 minutos.

Cuando termine el programa de cocción, realiza una liberación rápida de presión moviendo la perilla de liberación a **Venting (Ventilar)**. Presiona la configuración **Keep Warm (Calentar)**.

CONTINUADO

**PARA SERVIR**

Col (repollo) verde, rebanada finamente

Salsa picante u hojuelas de chile de árbol

Cuartos de limón

Cebolla blanca, picada

Hojas de cilantro frescas, picadas

Tortillas calientes

Orégano mexicano seco (opcional)

Rodajas de rábano (opcional)

Abre la olla. Usa unas pinzas para sacar los huesos y el codillo, y pásalos a un plato; deja la paletilla en la Instant Pot. Cuando estén lo suficientemente fríos para manipularlos, retira toda la carne de los huesos y del codillo, deshebrándola en trozos pequeños. Regresa la carne a la olla y desecha la piel y los huesos.

Con ayuda de una cuchara, saca y desecha la mayor cantidad de grasa posible de la superficie del pozole. Con ayuda de unas pinzas, pasa los trozos de paletilla a una tabla, pícalos en trozos de 1 pulgada y regrésalos a la olla. Prueba y rectifica la sazón con sal y pimienta, si es necesario. Vierte el pozole en tazones calientes y sirve de inmediato con col, salsa picante, cuartos de limón, cebolla, cilantro, tortillas calientes, orégano y rábanos.

### VARIACIÓN

Para preparar pozole rojo con pollo, sustituye la espaldilla de cerdo por 1½ libras de muslos de pollo, sin hueso y sin piel, y reduce el tiempo de cocción a 20 minutos. Después de liberar la presión, usa unas pinzas para pasar el pollo a la tabla. Desmenúzalo con dos tenedores y regresa el pollo deshebrado a la sopa.

**NOTA** Para preparar un pozole lo más libre de grasa posible, prepáralo con antelación, guárdalo en un contenedor hermético y refrigéralo durante 2 días. Antes de recalentar, usa una cuchara para retirar la capa sólida de grasa de la superficie.

# SOPA DE PAPA Y QUESO, CON CHILE CHIPOTLE

Esta rústica sopa suele prepararse con queso Chihuahua (página 10), que se derrite con el calor del caldo. Los quesos Monterey Jack y Gouda suave son buenos sustitutos. Si quieres que sea más picante, añade al final una cucharada extra de la salsa de adobo de los chipotles.

Presiona **Sauté-normal/medium (Saltear-normal/medio)** en la Instant Pot y calienta la mantequilla hasta que se derrita. Agrega la cebolla y el ajo, y cocínalos, moviendo ocasionalmente durante alrededor de 2 minutos, hasta que se suavicen. Agrega los jitomates y los chiles Anaheim, y cocina, moviendo ocasionalmente, 2 minutos más, justo hasta que empiecen a suavizarse. Incorpora las papas, el caldo, el chile chipotle, la sal y el orégano. Presiona **Cancel (Cancelar)**.

Asegura la tapa y establece la liberación de presión en **Sealing (Sellar)**. Presiona **Soup (Sopa)** y fija el tiempo de cocción en 20 minutos.

Cuando termine el programa de cocción, presiona **Cancel**. Realiza una liberación rápida de presión moviendo la perilla de liberación a **Venting (Ventilar)**.

Abre la olla, presiona **Sauté-Normal/Medium** y hierve la sopa. En un tazón pequeño, revuelve el almidón de maíz y la leche, e incorpora la mezcla a la sopa. Deja que hierva, moviendo constantemente, y cocina la sopa durante alrededor de 2 minutos, hasta que se espese.

Presiona **Cancel** y agrega el cilantro. Añade el queso, y revuelve hasta que se derrita y la sopa esté suave. Prueba y rectifica la sazón con sal, si es necesario. Vierte la sopa en tazones calientes y esparce encima queso Cotija y cebollitas de cambray. Sirve de inmediato.

### VARIACIÓN
Para una versión vegetariana, sustituye el caldo de pollo por caldo de verduras.

## Rinde 4 porciones

2 cucharadas de mantequilla

1 cebolla blanca o amarilla pequeña, picada

3 dientes de ajo grandes, picados finamente

2 jitomates *saladette* (tomates Roma o guaje), sin centro, sin semillas y picados finamente

2 chiles Anaheim (chilacas), sin tallo, desvenados y picados finamente

1 libra de papas rojas o Yukon Gold, peladas y cortadas en trozos de ½ pulgada

5 tazas de caldo de pollo

1½ cucharadas de chiles chipotle en adobo

1 cucharada de sal *kosher*

½ cucharadita de orégano mexicano seco

¼ de taza de almidón de maíz (fécula de maíz o polenta)

1 taza de leche entera

Hojas de ¼ de manojo de cilantro, picadas

2½ tazas de queso Chihuahua, Monterey Jack o Gouda, rallados (8 onzas)

2 cucharadas de queso Cotija, rallado

Cebollitas de cambray (cebolletas o cebollín), rebanadas finamente, solo la parte verde, para decorar

# CREMA DE HONGOS CON EPAZOTE

**Rinde 4 porciones**

¼ de taza de hongos porcini secos

8 hongos shiitake secos, sin tallo

2 tazas de agua hirviendo

1 cebolla blanca o amarilla pequeña, cortada en trozos

2 dientes de ajo grandes

½ tallo de apio pequeño, cortado en trozos

8 onzas de hongos cremini, cortados en cuartos

8 onzas de champiñones, cortados en cuartos

4 onzas de hongos shiitake frescos, sin tallo y cortados en cuartos

1 cucharada de aceite de oliva

1½ cucharadas de mantequilla

6 tazas de caldo de pollo o verduras

10 hojas de epazote frescas, cortadas en julianas, o ½ cucharadita de mejorana seca

1 cucharada de sal *kosher*

¼ de taza de almidón de maíz (fécula de maíz o polenta)

½ taza de vino blanco

1 taza de crema espesa o leche entera

2 cucharadas de pimienta negra, recién molida

1 chile poblano grande, asado (página 6), desvenado, pelado y cortado en cubos de ¼ de pulgada

Los hongos, el chile poblano asado y el epazote muchas veces se cocinan juntos en la gastronomía mexicana. El fuerte sabor del epazote sirve de contrapunto al fuerte sabor de los hongos y el chile. Esta sopa, suculenta y sabrosa, incluye cinco tipos de hongos, vino y crema. Prepárala para cenar, cuando tengas prisa, o guárdala para una ocasión especial. Asar el chile poblano resalta su sabor único y agrega un toque ahumado.

———————————

En un tazón resistente al calor, mezcla los hongos porcini y shiitake secos. Vierte el agua hirviendo y déjalos reposar 5 minutos, aproximadamente, hasta que los hongos se suavicen.

En el procesador de alimentos, pica finamente la cebolla, el ajo y el apio. Pasa la mezcla a un tazón pequeño y reserva. Agrega los hongos cremini, los champiñones y los hongos shiitake frescos al procesador de alimentos, y pulsa hasta picarlos en trozos de ¼ de pulgada. Pásalos a otro tazón y reserva. Cuela los hongos remojados en un colador de metal sobre un tazón. Agrega los hongos colados al procesador de alimentos y reserva el agua de remojo. Pulsa hasta que los hongos estén picados finamente.

Presiona **Sauté-normal/medium (Saltear-normal/medio)** en la Instant Pot y calienta el aceite y la mantequilla hasta que se derrita. Agrega la mezcla de cebolla y cocínala, moviendo ocasionalmente durante alrededor de 2 minutos, hasta que se suavice. Incorpora los hongos secos y cocina, moviendo ocasionalmente durante alrededor de 5 minutos, hasta que empiecen a adherirse a la olla. Añade los hongos frescos y cocina, moviendo ocasionalmente, durante 5 minutos, hasta que los hongos empiecen a suavizarse y liberen su jugo. Incorpora el agua de remojo de los hongos, el caldo, el epazote y la sal. Presiona **Cancel (Cancelar)**.

Asegura la tapa y establece la liberación de presión en **Sealing (Sellar)**. Presiona **Pressure Cook (Cocción a presión)** y fija el tiempo de cocción en 5 minutos.

Cuando termine el programa de cocción, presiona **Cancel**. Realiza una liberación rápida de presión moviendo la perilla de liberación a **Venting (Ventilar)**.

Abre la olla, presiona **Sauté-normal/medium** y hierve la sopa. En un tazón pequeño, mezcla el almidón de maíz y el vino, e incorpora la mezcla a la sopa. Déjala hervir durante 2 minutos, moviendo constantemente, hasta que se espese. Agrega la crema, la pimienta y el chile poblano, y cocina durante 5 minutos, aproximadamente.

Presiona **Cancel**, prueba y rectifica la sazón con sal y pimienta, si es necesario. Vierte la sopa en tazones calientes y sirve de inmediato.

capítulo 2

# AVES

# POLLO CON MOLE

**Rinde 4–6 porciones**

1 cucharada de aceite vegetal

4 libras de muslos de pollo, con hueso y con piel (10 muslos, aproximadamente)

1½ cucharaditas de sal *kosher*

MOLE

3 chiles pasilla o ancho grandes, sin tallo, desvenados y troceados

3 chiles California o guajillo, sin tallo, desvenados y troceados

1 tortilla de maíz de 6 pulgadas, troceada

¼ de taza de cacahuates (maní), con cáscara

¼ de taza de almendras blanqueadas

2 cucharadas de semillas de ajonjolí (sésamo) blanco

¼ de taza de cebolla blanca o amarilla, picada

1 diente de ajo rebanado

1 jitomate *saladette* (tomate Roma o guaje) cortado en octavos

½ plátano (banana) firme, pelado y rebanado

¼ de cucharadita de orégano mexicano seco

1 clavo de olor

1 raja de canela de 1 pulgada o ½ cucharadita de canela molida

10 granos de pimienta negra

4 tazas de caldo de pollo

Preparar mole en la Instant Pot es sencillo y rápido, y obtendrás el sabor tradicional del mole, cuya preparación toma todo un día. Lee la receta completa y sigue los pasos en orden, pues estarás creando el sabor en la olla interna. Los últimos pasos, freír y colar el mole, aumentan su sabor y lo vuelven suave y dulce. Sugiero usar muslos de pollo con hueso porque la carne permanece firme y jugosa y son más fáciles de servir. Este mole sabe mejor al día siguiente.

---

Presiona **Sauté-high (Saltear-alto)** en la Instant Pot y calienta el aceite. Aunque tengas que hacerlo en partes, acomoda el pollo en una sola capa y cocínalo por alrededor de 4 minutos por cada lado, hasta que esté dorado. Pásalo a un plato grande. Después de que hayas cocinado el pollo, sazónalo con sal y reserva.

Para preparar el mole, agrega los trozos de chile y de tortilla a la Instant Pot, y cocínalos, removiendo por alrededor de 1 minuto. Añade los cacahuates, las almendras y el ajonjolí, y cocina, moviendo ocasionalmente por alrededor de 2 minutos, hasta que los cacahuates y las semillas estén un poco dorados, raspando cualquier parte que se adhiera al fondo de la olla. Incorpora la cebolla, el ajo, el jitomate, el plátano, el orégano, el clavo de olor, la canela y la pimienta. Ásalos, moviendo por alrededor de 1 minuto. Presiona **Cancel (Cancelar)**. Vierte el caldo y raspa lo que se haya adherido al fondo de la olla. Regresa los muslos de pollo a la Instant Pot, acomodándolos en una capa uniforme y vierte los jugos que se hayan acumulado en el plato.

Asegura la tapa y establece la liberación de presión en **Sealing (Sellar)**. Presiona **Meat/ Stew (Carne/Estofado)** y fija el tiempo de cocción en 20 minutos.

Cuando termine el programa de cocción, presiona **Cancel**. Realiza una liberación rápida de presión moviendo la perilla de liberación a **Venting (Ventilar)**. Destapa la olla y deja que se enfríe durante 20 minutos. Con ayuda de unas pinzas, saca los muslos de pollo y acomódalos en un plato grande. Cúbrelos con papel de aluminio para mantenerlos calientes.

Aunque tengas que hacerlo en partes, pasa el contenido de la Instant Pot a la licuadora y licúalo hasta obtener una consistencia suave. Vierte cada porción a un tazón antes de licuar la siguiente.

Calienta una sartén de hierro grande a fuego medio durante 3 minutos y agrega el puré. Tapa la sartén con una malla (opcional) y cocínala, moviendo ocasionalmente por alrededor de 20 minutos, hasta que el puré se espese y se oscurezca. Agrega el chocolate y revuelve hasta que se derrita.

Procesa el mole en un triturador de alimentos o ráspalo en un colador grueso de metal, sobre un tazón. Con una espátula de silicona, presiona el mole en el colador para eliminar la piel de los chiles y otros grumos. Desecha los sólidos y regresa el mole a la sartén.

Calienta la sartén a fuego medio y cocina el mole, removiendo por alrededor de 3 minutos, hasta que se caliente. Prueba y sazona con sal y azúcar (añade el azúcar ¼ de cucharadita a la vez) hasta que se integren los sabores. (Solo añade el azúcar suficiente para realzar los sabores; el mole no debe saber dulce). Agrega el pollo y cualquier jugo acumulado y asegúrate de que el mole cubra el pollo. Cocínalo por alrededor de 5 minutos, hasta que el pollo esté totalmente caliente. Sirve el mole y decora con semillas de ajonjolí y aros de cebolla. Acompaña con arroz, tortillas calientes y frijoles.

2 cucharadas de chocolate mexicano, de preferencia Ibarra (página 10), cortado en trozos, o 2 cucharadas de chispas de chocolate amargo

Sal *kosher*, para sazonar

Hasta 1 cucharada de azúcar

PARA SERVIR

Semillas de ajonjolí blanco

Aros delgados de cebolla morada

Arroz blanco (página 134)

Tortillas de maíz calientes

Frijoles pintos vaqueros (página 129)

# POLLO CON CHILE Y AJO

**Rinde 4 porciones**

1½ libras de muslos de pollo, con hueso y con piel (4 muslos, aproximadamente)

1½ libras de piernas de pollo (4 piernas, aproximadamente)

1½ cucharaditas de sal *kosher*

1 cucharadita de pimienta negra, recién molida

1 cucharada de aceite vegetal

3 rebanadas de cebolla blanca o amarilla, de ½ pulgada de grosor

4 dientes de ajo grandes, rebanados

1 chile California o guajillo, sin tallo, desvenado y troceado

1 jitomate *saladette* (tomate Roma o guaje), sin centro, sin semillas y picado

¼ de cucharadita de orégano mexicano seco

1 taza de caldo de pollo

1 clavo de olor

1 chile chipotle entero en adobo, más chipotles picados al gusto

2 cucharadas de hojas de cilantro frescas, picadas (opcional)

Puedes adelantar algunas cosas de esta receta rápida y sencilla en lo que se calienta la Instant Pot. Aunque me gusta usar piernas y muslos de pollo con el hueso y la piel para darle sabor, puedes usar muslos sin hueso si lo prefieres. Sirve este pollo acompañado de arroz y ensalada. Si te sobra un poco, es magnífico para deshebrarlo y preparar burritos.

―――――――――――

Sazona los muslos y las piernas de pollo por todos lados con la sal y la pimienta.

Presiona **Sauté-high (Saltear-alto)** en la Instant Pot y calienta el aceite. Aunque tengas que hacerlo en partes, acomoda el pollo en una sola capa y cocínalo durante alrededor de 4 minutos por cada lado, hasta que estén dorados. Pásalo a un plato.

Agrega las rebanadas de cebolla a la Instant Pot y cocínalas, sin moverlas, durante alrededor de 3 minutos, hasta que se doren. Voltea las rebanadas y añade el ajo, el chile California, el jitomate y el orégano. Cocínalos, moviendo ocasionalmente por alrededor de 2 minutos, hasta que el jitomate se suavice un poco. Presiona **Cancel (Cancelar)**. Vierte el caldo de pollo y raspa cualquier parte dorada que se adhiera al fondo de la olla. Incorpora el clavo de olor y el chile chipotle entero. Regresa el pollo a la Instant Pot, acomodando las piezas en una capa uniforme, y vierte los jugos que se hayan acumulado en el plato.

Asegura la tapa y establece la liberación de presión en **Sealing (Sellar)**. Presiona **Meat/Stew (Carne/Estofado)** y fija el tiempo de cocción en 20 minutos.

Cuando termine el programa de cocción, presiona **Cancel**. Realiza una liberación rápida de presión moviendo la perilla de liberación a **Venting (Ventilar)**. Abre la olla y déjala enfriar durante 10 minutos.

Con ayuda de unas pinzas, pasa el pollo a un plato grande. Presiona **Sauté-high**. Muele el contenido de la olla con la licuadora de inmersión hasta obtener una consistencia suave. Déjalo cocerse, moviendo ocasionalmente, entre 5 y 7 minutos, hasta que se espese y se reduzca a 2 tazas. Prueba y rectifica la sazón con sal y chile chipotle picado, si es necesario.

Regresa el pollo a la Instant Pot y agrega cualquier jugo acumulado en el plato. Cocínalo por 5 minutos, hasta que se caliente el pollo. Espolvorea el cilantro (si lo utilizas) y sirve.

# POLLO BARBACOA

En México, la barbacoa (asado, carnitas o parrillada) se hace tradicionalmente de chivo o cordero y se cuece durante la noche en pencas (hojas) de agave (pita o maguey) con especias y hierbas de olor. En esta receta, los sabores ligeramente picantes de la barbacoa tradicional se combinan con el de los muslos de pollo sin hueso, cocidos en una salsa sencilla. Sírvela con limones frescos, cebolla picada y mucho cilantro, para encender su sabor. ¡Los complementos esenciales son tortillas calientes, arroz, frijoles y cervezas heladas!

En la licuadora, muele el jitomate, la cebolla, el ajo, el jengibre, el chile en polvo, la sal, la pimienta y el chile serrano, hasta obtener una consistencia suave.

Presiona **Sauté-high (Saltear-alto)** en la Instant Pot y calienta el aceite. Aunque tengas que hacerlo en partes, acomoda el pollo en una sola capa y cocínalo durante alrededor de 4 minutos por cada lado, hasta que esté dorado. Pásalo a un plato grande.

Vierte el puré de jitomate y chile en la Instant Pot y cocínalo, moviendo ocasionalmente por alrededor de 3 a 5 minutos, hasta que se espese ligeramente. Agrega el caldo, la cerveza, el tequila, el vinagre y el cilantro, raspando cualquier parte dorada que se adhiera al fondo de la olla.

Regresa el pollo a la Instant Pot, acomodando las piezas en una capa uniforme, y vierte los jugos que se hayan acumulado en el plato. Presiona **Cancel (Cancelar)**.

Asegura la tapa y establece la liberación de presión en **Sealing (Sellar)**. Presiona **Meat/Stew (Carne/Estofado)** y fija el tiempo de cocción en 15 minutos.

Cuando termine el programa de cocción, presiona **Cancel**. Realiza una liberación rápida de presión moviendo la perilla de liberación a **Venting (Ventilar)**. Abre la olla y deja enfriar durante alrededor de 15 minutos. Prueba y rectifica la sazón con sal y pimienta, si es necesario.

Sirve la barbacoa con tortillas calientes, arroz, frijoles (habichuelas, porotos o caraotas), cuartos de limón, cebolla picada y cilantro.

## Rinde 4–6 porciones

1 jitomate *saladette* (tomate Roma o guaje), sin centro y cortado en cuartos

½ taza de cebolla blanca o amarilla, picada

2 dientes de ajo, sin cáscara

2 cucharaditas de jengibre fresco, picado finamente

2 cucharadas de chile guajillo en polvo o chile California en polvo

1 cucharadita de sal *kosher*

1 cucharadita de pimienta negra, recién molida

1 chile serrano, sin tallo

2 cucharadas de aceite vegetal

2½ libras de muslos de pollo, sin hueso y sin piel

½ taza de caldo de pollo

¼ de taza de cerveza oscura

1 cucharada de tequila

1 cucharada de vinagre

¼ de taza de hojas de cilantro frescas, picadas finamente

PARA SERVIR

Tortillas de maíz calientes

Arroz blanco (página 134)

Frijoles (habichuelas, porotos, caraotas) negros básicos (ver Nota, página 23) o Frijoles pintos vaqueros (página 129)

Cuartos de limón

Cebolla blanca, picada

Hojas de cilantro frescas, picadas

# TACOS DE POLLO A LA DIABLA

**Rinde 4 porciones**

3 jitomates *saladette* (tomates Roma o guaje), sin centro y cortados en octavos

1 cebolla blanca o amarilla pequeña, cortada en trozos

4 dientes de ajo grandes, pelados

¼ de taza de chiles chipotle en adobo, más los necesarios

1 cucharada de pasta de tomate

1 cucharadita de sal *kosher*

1 cucharadita de pimienta negra recién molida

2 cucharadas de aceite vegetal

2½ libras de muslos o pechugas de pollo, sin hueso y sin piel

2 chiles Anaheim (chilacas) o pimientos morrones verdes, sin tallo, desvenados y cortados en julianas de ½ pulgada de grosor

2 cucharadas de hojas de cilantro frescas, picadas finamente

Jugo de 1 limón

PARA SERVIR

Rebanadas de aguacate

Ensalada de col para tacos (página 151)

Cebolla blanca, picada

Cilantro fresco, picado

Lechuga rebanada (opcional)

Pico de gallo (página 139) (opcional)

Tortillas de maíz, calientes

Cuartos de limón

Una vez listos los ingredientes, este platillo se prepara en 30 minutos. Puede sobrarte un poco de la salsa diabla; guárdala y congélala para otro día. En lugar de preparar tacos, puedes servir el pollo en trozos como si fuera un platillo, con mucha salsa, complementos y una deliciosa porción de arroz. Me gusta acompañarlos con Arroz blanco (página 134) o Arroz verde (página 131), aguacate y cebolla picados encima, y Frijoles (habichuelas, porotos, caraotas) negros (Nota, página 23).

---

En la licuadora, muele los jitomates, la cebolla, los ajos, los chiles chipotle, la pasta de tomate, la sal y la pimienta. Licúalos hasta obtener una consistencia suave, raspando los costados de la licuadora si es necesario. Prueba y agrega más chipotles si lo deseas. (El picante disminuirá con la cocción).

Presiona **Sauté-high (Saltear-alto)** en la Instant Pot y calienta el aceite. Aunque tengas que hacerlo en partes, acomoda el pollo en una sola capa y cocínalo durante alrededor de 4 minutos por cada lado, hasta que esté dorado. Pásalo a un plato grande. Agrega el puré de jitomate y chipotle, y cocínalo, moviendo ocasionalmente por alrededor de 5 minutos, o hasta que se espese, raspando cualquier parte dorada que se adhiera al fondo de la olla. Añade los chiles Anaheim, regresa el pollo a la Instant Pot, acomódalo en una capa uniforme y vierte cualquier jugo que se haya acumulado. Presiona **Cancel (Cancelar)**.

Asegura la tapa y establece la liberación de presión en **Sealing (Sellar)**. Presiona **Meat/Stew (Carne/Estofado)** y fija el tiempo de cocción en 15 minutos.

Cuando termine el programa de cocción, presiona **Cancel**. Permite que la presión se libere naturalmente durante 15 minutos, luego mueve la perilla de liberación a **Venting (Ventilar)** para liberar el vapor restante.

Abre la olla. Con ayuda de unas pinzas, pasa el pollo a una tabla para picar y, con ayuda de dos tenedores, deshébralo en trozos de 1 pulgada. Regresa el pollo a la Instant Pot y agrega el cilantro y el jugo de limón. Prueba y rectifica la sazón con sal y pimienta, si es necesario. Sirve el pollo con aguacate, Ensalada de col, cebolla picada, cilantro, lechuga (si la usas), pico de gallo (si lo usas) y tortillas para preparar tacos. Acompaña con cuartos de limón.

# TACOS DE POLLO AL ACHIOTE

Otorgándoles un sesgo caribeño a los tacos, la pasta de achiote impregna esta marinada de un color rojo ladrillo y un sabor terroso y único. Los tacos se cubren con Mojo Salsa recién preparado, la crujiente ensalada de col para tacos y rebanadas de aguacate. Sírvelos acompañados de Frijoles (habichuelas, porotos, caraotas) pintos refritos (página 124) o Frijoles negros básicos (Nota, página 23). Marina el pollo al menos por 1 hora.

---

Para preparar el pollo, mezcla en un tazón los chipotles, el ajo, la pasta de achiote, el jugo de naranja, el jugo de limón, el vinagre, el comino, el orégano, la sal y la pimienta. Con ayuda de un tenedor, machácalos para formar una pasta suave. Agrega los muslos de pollo y revuelve hasta cubrirlos bien por todos lados. Tapa el tazón y refrigéralo por entre 1 hora y toda la noche.

Presiona **Sauté-high (Saltear-alto)** en la Instant Pot y calienta el aceite de oliva. Aunque tengas que hacerlo en partes, saca el pollo de la marinada, sacudiendo el exceso, y acomódalo en la olla en una sola capa. Cocínalo durante 4 minutos por cada lado, hasta que esté dorado. Pásalo a un plato grande. Si es necesario, presiona **Sauté-low (Saltear-bajo)** para disminuir la temperatura y evitar que se queme. Presiona **Cancel (Cancelar)**.

Vierte 1 taza de agua en la Instant Pot, introduce la rejilla de asas largas y acomoda el pollo encima, en una capa uniforme, sobre el agua.

Asegura la tapa y establece la liberación de presión en **Sealing (Sellar)**. Presiona **Meat/Stew (Carne/Estofado)** y fija el tiempo de cocción en 15 minutos.

Mientras se cocina el pollo, prepara la salsa: En un tazón, revuelve la cebolla, el jitomate, el jugo de naranja, el jugo de limón, el vinagre, el cilantro, la sal y alrededor de la mitad del ajo. La salsa debe estar muy bien sazonada. Reserva.

CONTINUADO

## Rinde 4 porciones

### POLLO

¼ de taza de chiles chipotle en adobo, picados finamente

6 dientes de ajo grandes, picados finamente

3 cucharadas de pasta de achiote (bija u onoto) (página 9), desmoronada

2 cucharadas de jugo de naranja, recién exprimido

2 cucharadas de jugo de limón, recién exprimido

2 cucharadas de vinagre blanco

2 cucharaditas de comino molido

2 cucharaditas de orégano mexicano seco, frotado entre tus dedos

2 cucharaditas de sal *kosher*

2 cucharaditas de pimienta negra recién molida

2½ libras de muslos de pollo, sin hueso y sin piel

2 cucharadas de aceite vegetal

### MOJO

2 cebollitas de cambray rebanadas finamente

½ jitomate *saladette* (tomate Roma, guaje) sin centro, sin semillas, picado finamente

2 cucharadas de jugo de naranja recién exprimido

1 cucharada de jugo de limón recién exprimido

½ cucharadita de vinagre blanco, más el necesario

Cuando termine el programa de cocción, presiona **Cancel**. Realiza una liberación rápida de presión moviendo la perilla de liberación a **Venting (Ventilar)**. Abre la olla, tapa el pollo con una hoja de papel de aluminio y déjalo reposar por alrededor de 5 minutos.

Corta el pollo en rebanadas gruesas y sírvelo con salsa, ensalada cremosa, aguacate, cilantro, cebolla, semillas de girasol y tortillas para preparar tacos. Con ayuda de unas pinzas, pasa el pollo a dos platos.

1 cucharada de cilantro fresco, picado finamente

½ cucharadita de sal *kosher*

1 diente de ajo pequeño, picado finamente hasta formar una pasta

**PARA SERVIR**

Ensalada de col para tacos (página 151)

Rebanadas de aguacate

Cilantro picado

Cebolla blanca picada

Semillas de girasol

Tortillas calientes

# SANGRÍA DE POLLO

Es un platillo especial y uno de mis favoritos. Lo encontré en un recetario del siglo XIX, de la región central de México, y en él se observa la influencia española en la gastronomía mexicana de la clase alta de la época. El pollo se marina durante la noche en vino y cítricos, y se sirve con una salsa preparada rápidamente con jugo de granada. Las guarniciones dulces y saladas son el complemento perfecto. En temporada, esparce algunos granos de granada agria sobre el pollo, justo antes de servir.

---

Para preparar la marinada, mezcla en una olla pequeña el vino, el vinagre, la pimienta, las semillas de cilantro, el clavo de olor, el laurel, la canela, la cebolla, las rebanadas de naranja, las rebanadas de limón y la sal. Hiérvelo, apaga el fuego y déjalo reposar 30 minutos para que se integren los sabores.

Acomoda el pollo en un tazón grande y vierte la marinada encima. Cubre el tazón con una lámina de plástico adherible y refrigéralo toda la noche.

Justo antes de cocerlo, saca el pollo de la marinada y sécalo con toallas de papel. Cuela la marinada con un colador de metal, sobre un tazón. Descarta los sólidos.

Presiona **Sauté-high (Saltear-alto)** en la Instant Pot y calienta 1 cucharada de aceite de oliva. Aunque tengas que hacerlo en partes, acomoda el pollo en una sola capa y cocínalo durante alrededor de 4 minutos por cada lado, hasta que esté dorado. Pásalo a un plato grande. Después de dorar el pollo, sazona con sal los lados que tengan piel.

Agrega a la olla la marinada colada, el caldo, el jugo de granada y el ajo. Déjalo hervir, raspa cualquier parte dorada que se adhiera al fondo y espera de 3 a 5 minutos, hasta que se reduzca a la mitad. Introduce la rejilla de asas largas en la Instant Pot, acomoda el pollo uniformemente, con la piel hacia arriba, sobre el líquido de cocción.

Asegura la tapa y establece la liberación de presión en **Sealing (Sellar)**. Presiona **Meat/Stew (Carne/Estofado)** y fija el tiempo de cocción en 20 minutos.

Mientras se cuece el pollo, calienta la ½ cucharada de aceite de oliva restante en una sartén mediana a fuego medio. Agrega las rebanadas de naranja y fríelas durante alrededor de 1 minuto, hasta que se doren ligeramente y se suavicen. Pásalas a un plato.

CONTINUADO

MARINADA

1 taza de vino tinto afrutado, como Zinfandel o una mezcla de Cabernet

1 cucharada de vinagre de vino tinto

6 granos de pimienta negra, molidos

6 semillas de cilantro, molidas

1 clavo de olor, molido

½ hoja de laurel

1 raja de canela de Saigón de 1 pulgada, molida ligeramente, o ¼ de cucharadita de canela molida

2 rebanadas de cebolla blanca o morada, de 1 pulgada de grosor

2 rebanadas de naranja de 1 pulgada de grosor

2 rebanadas de limón de 1 pulgada de grosor

1 cucharadita de sal *kosher*

3 libras de muslos de pollo, con hueso y con piel (8 muslos, aproximadamente)

1½ cucharadas de aceite de oliva

½ cucharadita de sal *kosher*

1 taza de jugo de granada

1 diente de ajo machacado, pelado

3 rebanadas de naranja de ¼ de pulgada de grosor

2 cucharadas de pasas

4 aceitunas (olivas) verdes grandes, sin hueso y cortadas a la mitad, longitudinalmente

2 cucharadas de mantequilla (opcional)

Agrega las pasas a la sartén y cocínalas, moviendo por alrededor de 1 minuto. Luego añade las aceitunas y cocínalas, moviendo por alrededor de 30 segundos más. Pásalas al plato con las rebanadas de naranja. Reserva la sartén pues la necesitarás para reducir la salsa.

Cuando termine el programa de cocción, presiona **Cancel (Cancelar)**. Realiza una liberación rápida de presión moviendo la perilla de liberación a **Venting (Ventilar)**. Abre la olla y déjala enfriar durante 10 minutos.

Precalienta la salamandra con una rejilla colocada debajo a 6 pulgadas de distancia.

Con ayuda de unas pinzas, acomoda en un platón para servir el pollo, con la piel hacia arriba y en una sola capa. Seca la piel con toallas de papel. Asa el pollo bajo la salamandra entre 4 y 6 minutos, hasta que la piel se dore y esté crujiente.

Mientras rostizas el pollo, cuela el líquido de la cocción con un colador de metal y viértelo en la sartén reservada. Calienta la sartén a fuego alto y cocina la salsa entre 1 y 3 minutos, hasta que el líquido se reduzca a ¾ de taza aproximadamente y adquiera la consistencia de un jarabe. Incorpora la mantequilla (si la utilizas). Prueba y rectifica la sazón con sal y pimienta, si es necesario.

Vierte una pequeña cantidad de la salsa alrededor del pollo y acomoda encima las rebanadas de naranja salteadas con las pasas y las aceitunas. Sirve de inmediato y ofrece aparte el resto de la salsa.

# POLLO EN SALSA DE CHILE ANCHO

Esta receta aprovecha realmente la versatilidad de la Instant Pot. La deliciosa salsa de chile ancho se prepara en la propia olla y el pollo se cuece encima. Sobrará suficiente salsa para usarla sobre un burrito, una enchilada o un tamal.

---

Sazona el pollo por todos lados con la sal.

Presiona **Sauté-High (Saltear-alto)** en la Instant Pot y calienta el aceite. Aunque tengas que hacerlo en partes, acomoda el pollo en una sola capa y cocínalo durante alrededor de 4 minutos por cada lado, hasta que esté dorado. Pásalo a un plato grande.

Presiona **Cancel (Cancelar)**. Agrega la salsa y regresa el pollo a la Instant Pot, acomodando las piezas en una capa uniforme. Vierte los jugos que se hayan acumulado en el plato.

Asegura la tapa y establece la liberación de presión en **Sealing (Sellar)**. Presiona **Meat/Stew (Carne/Estofado)** y fija el tiempo de cocción en 20 minutos.

Cuando termine el programa de cocción, presiona **Cancel**. Realiza una liberación rápida de presión moviendo la perilla de liberación a **Venting (Ventilar)**. Abre la olla y déjala enfriar durante 10 minutos.

Agrega 3 cucharadas de cilantro. Presiona **Sauté-low (Saltear-bajo)** en la Instant Pot, espera a que hierva la mezcla y cocínala por alrededor de 5 minutos, para incorporar los sabores. Prueba y rectifica la sazón con sal, si es necesario. Esparce encima la cucharada restante de cilantro. Sirve con arroz y tortillas calientes.

NOTA  Si lo prefieres, puedes usar 2½ libras de piezas de pollo, sin hueso y sin piel, en lugar de las piezas con hueso y piel. Reduce el tiempo de cocción a 15 minutos.

**Rinde 4–6 porciones**

3½ libras de piezas de pollo, con hueso y con piel

1 cucharadita de sal *kosher*

2 cucharadas de aceite vegetal

1 preparación de Salsa de chile ancho (página 146)

4 cucharadas de hojas de cilantro frescas, picadas

Arroz blanco (página 134), para acompañar

Tortillas de maíz o de harina, calientes, para acompañar

# POLLO ROSTIZADO CON CHIPOTLE Y LIMÓN

**Rinde 4 porciones**

1 pollo entero de 3–4 libras

3 cucharaditas de sal *kosher*

9 dientes de ajo, sin cáscara (al molerlos, unas 3 cucharadas)

¼ de taza de chiles chipotle en adobo

2 cucharadas de jugo de limón, recién exprimido

1 cucharadita de aceite de oliva

¾ de taza de caldo de pollo

1 cucharada de almidón de maíz (fécula de maíz o polenta)

2 cucharadas de vino blanco

¼ de taza de hojas de cilantro, frescas y picadas

Cuartos de limón, para acompañar

¡Sí, puedes rostizar un pollo entero en la Instant Pot! No se dora, pero después de cocerlo déjalo bajo la salamandra o asador para darle un acabado crujiente (un buen consejo para dorar o tostar cualquier cosa). Durante la cocción, el papel de aluminio mantiene húmeda la pechuga. Sírvelo acompañado de Papas con crema y chile (página 109).

---

Sazona el pollo por dentro y por fuera con 2 cucharaditas de sal. Acomódalo en un plato grande, tápalo y refrigéralo por alrededor de 1 hora.

En un procesador de alimentos pequeño o un mortero, muele los ajos, los chiles chipotle, el jugo de limón, el aceite y la cucharadita de sal restante para formar una pasta suave. Divide la pasta equitativamente en dos tazones pequeños.

Seca el pollo por dentro y por fuera con toallas de papel. Unta el exterior del pollo con la mitad de la pasta de chipotle, ata las dos piernas juntas con hilo de cocina y mete las puntas de las alas hacia atrás.

Vierte el caldo en la Instant Pot. Introduce la rejilla de asas largas y acomoda el pollo encima, con la pechuga hacia arriba. Corta un cuadrado de 6 pulgadas de papel de aluminio o papel pergamino y acomódalo sobre la pechuga para evitar que se cocine de más.

Asegura la tapa y establece la liberación de presión en **Sealing (Sellar)**. Presiona **Meat/Stew (Carne/Estofado)** y fija el tiempo de cocción en 20 minutos.

Cuando termine el programa de cocción, presiona **Cancel (Cancelar)**. Realiza una liberación rápida de presión moviendo la perilla de liberación a **Venting (Ventilar)**.

Abre la olla. Con guantes para horno, levanta la rejilla por las asas para sacar el pollo. Déjalo sobre un plato grande. Retira y desecha el papel de aluminio. Deja enfriar el pollo por alrededor de 5 minutos. Reserva el líquido de la cocción en la Instant Pot.

Precalienta la salamandra habiendo colocado una rejilla debajo a 6 pulgadas de distancia.

Pasa el pollo a una tabla para picar. Córtalo a la mitad con un cuchillo de cocina filoso, atravesando la pechuga y ambos lados del espinazo. Retira el espinazo. Acomoda las dos mitades, con la piel hacia arriba, en una charola para hornear y úntalas con el resto de la pasta de chipotle. Rostízalas hasta que estén doradas, entre 4 y 6 minutos. Pasa el pollo a un platón caliente para servir.

Mientras se rostiza el pollo, presiona **Sauté-high (Saltear-alto)** en la Instant Pot. Hierve el líquido de la cocción por alrededor de 2 minutos, hasta que se espese. En un tazón pequeño, mezcla el almidón de maíz y el vino, e incorpora la mezcla al líquido de la cocción, junto con los jugos acumulados del pollo. Hiérvelo por alrededor de 1 minuto, moviendo constantemente, hasta que se espese. Prueba y rectifica la sazón con sal de ser necesario. Cuela la salsa con un colador de metal en una salsera o tazón pequeño, calientes.

Espolvorea el pollo con cilantro y sírvelo acompañado de la salsa y de cuartos de limón.

# ARROZ CON POLLO

**Rinde 4–6 porciones**

1½ tazas de caldo de pollo

1 cucharadita de azafrán

3 libras de piezas de pollo, con hueso y con piel, o 2 libras de muslos de pollo, sin hueso y sin piel

3 cucharaditas de sal *kosher*

1 cucharadita de pimienta negra, recién molida

1 cucharadita de hojuelas de chile de árbol

2 cucharadas de aceite de oliva

1 cebolla blanca o morada pequeña, picada

4 dientes de ajo grandes, picados finamente

1 chile Anaheim (chilaca), sin tallo, desvenado y picado

2 jitomates *saladette* (tomates Roma o guaje), sin centro y picados, o 1 lata de 14½ onzas de jitomates picados, colados

1 cucharadita de comino molido

1 cucharadita de páprika (pimentón) ahumada

1 hoja de laurel

2 tazas de arroz blanco de grano largo, enjuagado y colado

Parecido a la paella, pero mucho más rápido y fácil de hacer, este arroz es delicioso. Está impregnado con los sabores del pollo y una mezcla de especias, incluido el azafrán, que le da un tono dorado al platillo. Sírvelo con una ensalada sencilla.

En una olla pequeña, hierve ligeramente ½ taza de caldo de pollo a fuego medio-alto. Agrega el azafrán al caldo caliente y déjalo remojar alrededor de 30 minutos.

Sazona las piezas de pollo por todos lados con 1 cucharadita de sal, la pimienta negra y las hojuelas de chile de árbol.

Presiona **Sauté-high (Saltear-alto)** en la Instant Pot y calienta el aceite. Aunque tengas que hacerlo en partes, acomoda el pollo en una sola capa y cocínalo durante alrededor de 4 minutos por cada lado, hasta que esté dorado. Pásalo a un plato grande.

Agrega la cebolla, el ajo y el chile a la Instant Pot, y cocínalos, moviendo ocasionalmente durante alrededor de 2 minutos, hasta que la cebolla se empiece a suavizar. Añade los jitomates, el comino, la páprika ahumada, la hoja de laurel y las 2 cucharaditas restantes de sal. Cocínalos, moviendo ocasionalmente por un par de minutos, hasta que los jitomates se suavicen. Incorpora el caldo con azafrán y la taza de caldo restante, raspando cualquier parte dorada que se adhiera al fondo de la olla. Presiona **Cancel (Cancelar)**. Agrega el arroz y, con una cuchara de madera, muévelo con suavidad hasta acomodarlo en una capa uniforme. Regresa el pollo a la Instant Pot, acomodando las piezas uniformemente, y vierte los jugos que se hayan acumulado en el plato.

Asegura la tapa y establece la liberación de presión en **Sealing (Sellar)**. Presiona **Meat/Stew (Carne/Estofado)** y fija el tiempo de cocción en 20 minutos.

Cuando termine el programa de cocción, presiona **Cancel**. Permite que la presión se libere naturalmente durante 10 minutos, luego mueve la perilla de liberación a **Venting (Ventilar)** para liberar el vapor restante. Abre la olla, déjala enfriar durante 10 minutos para permitir que el arroz adquiera consistencia y sirve.

# PAVO AL TEQUILA

**Rinde 6–8 porciones**

MARINADA

2 cucharadas de semillas de cilantro, molidas

1 cucharada de semillas de comino

1 cucharada de granos de pimienta negra, molidos

1 cucharada de orégano mexicano seco

2 hojas de laurel, troceado

8 tazas de agua

1 taza de sal *kosher*

½ taza de azúcar moreno

¼ de taza de azúcar granulado

½ taza de tequila blanco o mezcal

3–4 libras de pechuga de pavo, con hueso y sin piel, a la mitad, o 3–4 libras de muslos de pavo, con hueso y sin piel

2 chiles chipotle en adobo, picados finamente hasta formar una pasta

1 cucharada de jugo de limón, recién exprimido

1 diente de ajo grande, picado finamente hasta formar una pasta

1 taza de caldo de pollo

2 cucharadas de vino blanco

2 cucharaditas de almidón de maíz (fécula de maíz o polenta)

1 cucharada de aceite vegetal

Las semillas de cilantro, pimienta y comino se doran en la Instant Pot para preparar la marinada de tequila donde remojarás las pechugas de pavo durante la noche. La pasta de chipotle que untarás al pavo, justo antes de cocinarlo, profundiza su sabor. Este plato sabe muy bien acompañado de Quinua con pasas (página 135) y Esquites (granos de elote, maíz o choclo) (página 105). Usa la carne en lugar de pollo cuando prepares sopas, mole, tacos o tamales.

Para preparar la marinada, presiona **Sauté-normal/medium (Saltear-normal/medio)** en la Instant Pot. Agrega las semillas de cilantro y comino, y la pimienta, el orégano y el laurel. Tuesta las especias, moviendo por alrededor de 1 minuto. Agrega el agua, la sal, el azúcar moreno y el azúcar granulado. Espera a que hierva, y cocina, removiendo para disolver la sal y el azúcar, por alrededor de 5 minutos. Presiona **Cancel (Cancelar)**.

Usa guantes para horno para sacar la olla interna de la Instant Pot. Deja que la marinada se enfríe ahí mismo durante 30 minutos y luego agrega el tequila.

Con ayuda de una brocheta de metal, pica el pavo por todas partes, espaciando los hoyos cada 2 pulgadas; esto permitirá que la marinada penetre la carne. Coloca el pavo en una bolsa de plástico extra grande y vierte la marinada ya fría. Cierra la bolsa y saca todo el aire que puedas. Refrigéralo entre 12 y 24 horas .

En un tazón pequeño, mezcla los chiles chipotle, el jugo de limón y el ajo. Vierte el caldo en la Instant Pot e introduce la rejilla de asas largas. Saca el pavo de la marinada y sécalo con toallas de papel. Úntalo por todas partes con la mezcla de chipotle y acomódalo sobre la rejilla. Coloca una hoja de papel de aluminio encima del pavo y dobla el borde hacia la olla. Presiona **Poultry (Aves)** y fija el tiempo de cocción en 30 minutos.

Cuando termine el programa de cocción, presiona **Cancel**. Realiza una liberación rápida de presión moviendo la perilla de liberación a **Venting (Ventilar)**. Abre la olla. Con ayuda de unas pinzas, pasa el pavo a una charola (bandeja) forrada con papel de aluminio, cúbrelo con papel de aluminio y déjalo reposar durante 20 minutos.

Mientras, saca la rejilla de la Instant Pot y presiona **Sauté-normal/medium**. En un tazón pequeño, mezcla el almidón de maíz y el vino, e incorpora la mezcla a la olla. Moviendo constantemente, deja que hierva por alrededor de 2 minutos, hasta que espese. Vierte la salsa en un tazón para servir y cúbrela con papel de aluminio para mantenerla caliente.

Después de que haya reposado el pavo, precalienta la salamandra y coloca una rejilla a 4 pulgadas de distancia, aproximadamente. Rostiza el pavo por 7 a 10 minutos, hasta que se dore.

Pasa el pavo a una tabla para picar y rebánalo. Sírvelo con la salsa aparte.

# "CANARDITAS" DE PIERNA DE PATO CON SALSA DE ZARZAMORAS Y MEZCAL

**Rinde 6 porciones**

### PIERNAS DE PATO

¼ de taza de sal *kosher*, más 2 cucharaditas

1 cucharada de granos molidos de pimienta negra, más 1 cucharadita

4 dientes de ajo, picados finamente hasta formar una pasta (1 cucharada), más 2 dientes de ajo grandes, rebanados

1 cebollita de cambray (cebolleta o cebollín), las partes blanca y verde picadas finamente, o 1 chalote, picado finamente

6 piernas de pato grandes (12–14 onzas cada una)

1 cucharada de aceite vegetal

2 rebanadas de cebolla blanca o amarilla, de ½ pulgada de grosor

1 hoja de laurel

4 tazas de caldo de pollo

### SALSA DE ZARZAMORAS Y MEZCAL

½ taza de zarzamoras (zarzas) frescas

1 chile serrano sin tallo, picado finamente (con semillas)

1½ cucharadas de jugo de limón, recién exprimido

2 cucharaditas de vinagre de vino tinto, más el necesario

2 cucharaditas de mezcal, tequila o Grand Marnier

Esta versión moderna del confite de pato es muy fácil de preparar en la Instant Pot. Necesitarás, sin embargo, al menos un día para sazonar las piernas de pato, cocinarlas y dejar que se enfríen completamente en el caldo. Unos minutos bajo la salamandra le pondrán la piel crujiente, en contraste con la carne húmeda y suculenta. Sírvelas como entrante, o deshebra la carne para preparar tacos. La salsa es una versión de la clásica salsa francesa para pato. Su sabor fuerte y especiado está en perfecto balance con su dulzura y acidez.

———————————

Para preparar las piernas de pato, mezcla en un tazón pequeño la sal, 1 cucharada de granos molidos de pimienta, la pasta de ajo y las cebollitas de cambray. Seca las piernas de pato con toallas de papel y unta la mezcla en la carne y la piel. Guarda el pato en una bolsa de plástico con cierre, ciérrala y refrigérala entre al menos 12 horas y 1 día.

Enjuaga bien las piernas de pato para eliminar toda la mezcla de sal, y reserva. Presiona **Sauté-normal/medium (Saltear-normal/medio)** en la Instant Pot y calienta el aceite. Agrega la cebolla, el ajo rebanado, el laurel y la cucharadita restante de pimienta, y cocínalas, moviendo ocasionalmente por alrededor de 6 minutos, hasta que la cebolla se suavice. Presiona **Cancel (Cancelar)**. Vierte el caldo y acomoda las piernas de pato con la piel hacia arriba, cuidando que no se peguen a los costados o al fondo de la olla.

Asegura la tapa y establece la liberación de presión en **Sealing (Sellar)**. Presiona **Meat/Stew (Carne/Estofado)** y fija el tiempo de cocción en 20 minutos.

Mientras se cuecen las piernas de pato, prepara la salsa. Pica las zarzamoras hasta hacerlas pulpa y pásalas a un tazón pequeño. Revuélvelas con el chile serrano, el jugo de limón, el vinagre, el mezcal, el jengibre, el azúcar y la sal. Prueba y rectifica la sazón con mezcal, vinagre, azúcar y sal, si es necesario. La salsa debería ser picante, balanceando el azúcar y el vinagre. Reserva.

Cuando termine el programa de cocción, presiona **Cancel**. Realiza una liberación rápida de presión moviendo la perilla de liberación a **Venting (Ventilar)**. Abre la olla y déjala enfriar durante 45 minutos a 1 hora.

Con ayuda de unas pinzas, pasa con cuidado las piernas de pato a una charola forrada con papel de aluminio, con la piel hacia abajo. Seca ambos lados de las piernas con toallas de papel. (Puedes colar el líquido de cocción, quitarle la grasa y reservarlo para otro uso. Puede suplir el caldo de pollo en cualquier receta).

Precalienta la salamandra, con la parrilla colocada a unas 6 pulgadas por debajo. Rostiza el pato durante alrededor de 5 minutos, hasta que se caliente por completo. Con ayuda de unas pinzas, voltea las piernas de pato para que queden con la piel hacia arriba, y rostízalas entre 3 y 5 minutos, hasta que la piel esté crujiente y dorada. Sirve de inmediato con la salsa aparte.

1 cucharadita de jengibre fresco, picado finamente

1 cucharadita de azúcar, más la necesaria

¾ de cucharadita de sal *kosher*

# ENCHILADAS

En su forma más simple, las enchiladas son tortillas de maíz ligeramente fritas, remojadas en salsa, enrolladas y decoradas con un poco de queso Cotija y, quizás, cebolla encima. El relleno es opcional. Unas buenas enchiladas son una combinación de estas tortillas con un relleno delicioso, salsa y queso extra, horneadas y servidas a tus adorados comensales con crema agria y cebolla crujiente. Las *mejores* enchiladas se preparan con ingredientes calientes y se meten poco tiempo al horno o bajo una salamandra o asador, para que se doren y hierva la salsa.

¡Con la Instant Pot puedes hacer enchiladas cada vez que quieras! Puedes preparar rellenos jugosos y salsas con rapidez, y con un poco de planificación puedes hacerlos con tiempo y refrigerarlos o incluso congelarlos. Este platillo es también una gran oportunidad para aprovechar las sobras.

Las enchiladas suelen servirse enrolladas, pero también pueden servirse dobladas (el método del flojo). Los más flojos simplemente mojan las tortillas en salsa y las cubren con queso y relleno, apilando unas sobre otras. Se ven muy bien horneadas y servidas en platos individuales. No es necesario freír las tortillas, simplemente puedes calentarlas en una sartén y enrollarlas con el relleno, pero pueden romperse y estarán muy suaves después de horneadas. Aun así, sabrán de maravilla.

La Salsa roja (página 141) y la Salsa verde (página 140) son las más comunes para las enchiladas, pero considera experimentar con mole (página 34) para preparar enmoladas, o con frijoles (habichuelas, porotos, caraotas) pintos refritos y ligeros (página 124) para preparar enfrijoladas. Las enchiladas no son típicamente picantes, pero puedes ofrecer salsa picante a quien le guste. Ver "Decoración de las enchiladas" (página 59) para más sugerencias.

# ENCHILADAS DE POLLO Y QUESO CON SALSA VERDE

**Rinde 4–6 porciones**

**Pollo deshebrado de 1 preparación de Caldo de pollo deshebrado Uno-Dos-Tres (página 154), o 3 tazas de pollo cocido, deshebrado (pollo rostizado, por ejemplo)**

**3½ tazas de queso Monterey Jack, rallado**

**16 tortillas de maíz de 6 pulgadas**

**Aceite vegetal, para barnizar las tortillas**

**1 preparación de Salsa verde (página 140)**

**½ taza de cebolla blanca, picada**

**¼ de taza de hojas de cilantro frescas, picadas**

**½ taza de crema mexicana**

**Guarniciones de tu elección (ver Decoración de las enchiladas, página 59), para acompañar**

1. En un tazón, revuelve el pollo y 2 tazas de queso para preparar el relleno.

2. Barniza ligeramente las tortillas con el aceite, por ambos lados. Calienta una sartén a fuego medio. Calienta las tortillas, una a la vez, durante alrededor de 1 minuto por cada lado, o hasta que se ablanden. Pásalas a un plato y apílalas.

3. Precalienta el horno a 350° F. Engrasa ligeramente con aceite vegetal un molde para hornear de 9 × 13 pulgadas.

4. Extiende ½ taza de salsa en el fondo del molde preparado. Vierte otra ½ taza de salsa en un molde para tartas. Ten listos en una línea de ensamblado las tortillas, la salsa en el molde para tartas, el relleno y el molde para hornear.

5. Remoja solo un lado de una tortilla en la salsa del molde para tartas. Acomoda la tortilla en tu superficie de trabajo, con el lado de la salsa hacia abajo. Coloca alrededor de ⅓ de taza de relleno en el centro de la tortilla, enróllala bien y acomódala en el molde para hornear, con el doblez hacia abajo. Repite la operación con el resto de las tortillas.

6. Esparce uniformemente el resto de la salsa sobre las enchiladas, junto con la que sobre en el molde para tartas. Esparce encima las 1½ tazas de queso restantes. Hornea las enchiladas sin cubrirlas durante 20 a 25 minutos, hasta que el queso se derrita y burbujee.

7. Mientras, en un tazón pequeño, revuelve la cebolla y el cilantro.

8. Saca el molde del horno, rocía crema sobre las enchiladas calientes y esparce la mezcla de cebolla y cilantro encima. Sirve de inmediato con las guarniciones de tu elección.

# ENCHILADAS DE CUATRO QUESOS CON DOS SALSAS

En un tazón, revuelve 2 tazas de queso Monterey Jack, el queso crema, el queso fresco y el epazote para preparar el relleno.

Sigue el paso 2 de las Enchiladas de pollo y queso con salsa verde (página 56), para barnizar las tortillas con aceite y calentarlas.

Precalienta el horno a 350° F. Engrasa ligeramente con aceite vegetal un molde para hornear de 9 × 13 pulgadas.

Extiende ½ taza de salsa verde en el fondo del molde preparado. Vierte otra ½ taza de salsa verde en un molde para pastel. Ten listos en una línea de ensamblado las tortillas, la salsa en el molde para tartas, el relleno y el molde para hornear.

Sigue el paso 5 de las Enchiladas de pollo y queso, para rellenar las tortillas.

Ladeando el molde en la orilla de la mesa, cubre un tercio de las enchiladas, en el lado izquierdo, con el resto de la salsa verde, incluyendo la que quede en el molde para tartas. Cubre el tercio del centro de las enchiladas con la ½ taza de queso Monterey Jack restante, y pon encima la crema agria, esparciendo uniformemente. Cubre el tercio derecho de las enchiladas con la salsa roja. Hornea sin cubrir durante 20 a 25 minutos, hasta que el queso se derrita y burbujee.

Mientras, en un tazón pequeño, revuelve la cebolla y el cilantro.

Saca el molde del horno, esparce el queso Cotija por el centro de las franjas verdes y rojas, y esparce la mezcla de cebolla y cilantro por la franja blanca, en el medio. Sirve de inmediato con las guarniciones de tu elección.

**Rinde 4 porciones**

2½ tazas de queso Monterey Jack, rallado

½ taza de queso crema, cortado en cubos de ¼ de pulgada

2 tazas de queso fresco, desmoronado

⅓ de taza de hojas de epazote frescas, cortadas en julianas, u hojas de cilantro frescas, picadas

12 tortillas de maíz de 6 pulgadas

Aceite vegetal, para barnizar las tortillas

1½ tazas de Salsa verde (página 140)

½ taza de crema agria

1½ tazas de Salsa roja (página 141)

½ taza de cebolla blanca, picada

½ taza de hojas de cilantro frescas, picadas

⅓ de taza de queso Cotija, rallado

**Guarniciones de tu elección (ver Decoración de las enchiladas, página 59), para acompañar**

# ENCHILADAS DE RES Y FRIJOLES

Rinde 4–6 porciones

**RELLENO**

1 cucharada de aceite vegetal

⅓ de taza de cebolla blanca, picada

1 diente de ajo pequeño, picado finamente

2 jitomates *saladette* (tomates Roma o guaje), sin centro y sin semillas, picados

½ cucharadita de comino molido

1 cucharadita de sal *kosher*

½ cucharadita de pimienta negra, recién molida

Carne de res deshebrada, más ½ taza de Caldo de carne de res deshebrada Uno-Dos-Tres (página 156)

1 taza de frijoles (habichuelas, porotos, caraotas) pintos vaqueros (página 129), calientes

⅓ de taza de hojas de cilantro frescas, picadas

2 tazas de salsa roja (página 141)

Aceite vegetal para barnizar las tortillas

12 tortillas de maíz de 6 pulgadas

1½ tazas de queso Monterey Jack picante (Pepper Jack), rallado

⅓ de taza de cebolla blanca picada

¼ de taza de hojas de cilantro frescas, picadas

½ taza de crema mexicana

Guarniciones de tu elección (ver Decoración de las enchiladas, página 59)

Salsa de chile habanero (página 144)

Para preparar el relleno, calienta el aceite en una sartén a fuego medio-alto. Agrega la cebolla, el ajo, los jitomates, el comino, la sal y la pimienta. Cocínalos, moviendo por alrededor de 1 minuto. Añade la carne y el caldo de res y cocínalos, moviendo ocasionalmente durante alrededor de 5 minutos, hasta que se evapore casi todo el líquido. Incorpora los frijoles y el cilantro y retira la sartén del fuego.

Sigue el paso 2 de las Enchiladas de pollo y queso con salsa verde (página 56), para barnizar las tortillas con aceite y calentarlas.

Precalienta el horno a 350° F. Engrasa ligeramente un molde para hornear de 9 × 13 pulgadas con aceite vegetal.

Extiende ½ taza de salsa en el fondo del molde preparado. Vierte otra ½ taza de salsa en un molde para tartas. Ten las tortillas, la salsa en el molde para tartas, el relleno y el molde para hornear listos en una línea de ensamblado.

Sigue el paso 5 de las Enchiladas de pollo y queso, para rellenar las tortillas.

Esparce uniformemente sobre las enchiladas la taza de salsa restante, junto con la que sobre en el molde para tartas. Esparce el queso encima. Hornea las enchiladas, sin cubrirlas, durante 15 a 20 minutos, hasta que el queso se derrita y burbujee.

Mientras, en un tazón pequeño, mezcla la cebolla y el cilantro.

Saca el molde del horno, rocía la crema sobre las enchiladas y esparce la mezcla de cebolla y cilantro encima. Sirve de inmediato con las guarniciones de tu elección y la salsa picante.

# ENCHILADAS DE HONGOS CON SALSA DE QUESO Y CHIPOTLE

Sigue el paso 2 de las Enchiladas de pollo y queso con salsa verde, para barnizar las tortillas con aceite y calentarlas.

Precalienta la salamandra o asador y coloca debajo una rejilla a 4 pulgadas de distancia. Engrasa ligeramente un molde para hornear de 9 × 13 pulgadas.

Rellena cada tortilla con ¼ de taza del relleno de hongos, aproximadamente; luego dobla la tortilla a la mitad y acomódala en el molde preparado. Superpón ligeramente las tortillas, para que quepan.

Sirve la salsa de chipotle uniformemente sobre las enchiladas, y esparce queso Cotija y cebollitas de cambray por encima. Cuécelo bajo la salamandra entre 2 y 4 minutos, hasta que la salsa empiece a hervir y se dore.

Sirve de inmediato con las guarniciones de tu elección.

**Rinde 4 porciones**

**Relleno de hongos de los "Quesotacos" de hongos con epazote (página 110), caliente**

**12 tortillas de maíz de 6 pulgadas**

**Aceite vegetal, para barnizar las tortillas**

**1 preparación de Salsa de queso y chipotle (página 59), caliente**

**⅓ de taza de queso Cotija, rallado**

**2 cebollitas de cambray (cebolletas o cebollín), rebanadas finamente, solo la parte verde**

**Guarniciones de tu elección (ver Decoración de las enchiladas, página 59), para acompañar**

---

## DECORACIÓN DE LAS ENCHILADAS

Éstas son algunas guarniciones con las que puedes acompañar magníficamente cualquier enchilada:

- **Salsa de chile habanero (página 144)**
- **Pico de Gallo (página 139)**
- **Encurtido de jalapeños caseros (página 149) o comprados**
- **Guacamole (página 150)**

capítulo 3

# RES
y
# CERDO

# COSTILLAS AL ESTILO CIUDAD DE MÉXICO CON CHILE POBLANO

**Rinde 4 porciones**

2 cucharadas de aceite vegetal

2 libras de costilla de res (*short ribs*) sin hueso, sin grasa, cortada en trozos de 2 pulgadas

1 cebolla blanca o amarilla pequeña, picada

4 dientes de ajo, picados finamente

2 cucharaditas de sal *kosher*

½ cucharadita de pimienta negra, recién molida

½ cucharadita de comino molido

1 raja de canela de 1 pulgada o ¼ de cucharadita de canela molida

1 clavo de olor

1 hoja de laurel

1 jitomate *saladette* (tomate Roma o guaje), sin centro, picado hasta hacerlo puré (½ taza, aproximadamente)

½ taza de Salsa roja (página 141), o salsa roja picante comercial

½ taza de cerveza oscura, estilo Negra Modelo, o caldo de res

2 Chiles poblanos asados (página 6), pelados, desvenados y picados

4 cucharaditas de harina de nixtamal

PARA SERVIR

Cebolla blanca, picada

Cilantro fresco, picado

Tortillas de maíz o de harina, calientes

Arroz blanco (página 134)

Crema agria (opcional)

Esta versión elegante del guisado de res se distingue porque lleva cerveza y chiles poblanos asados. Se espesa con harina de nixtamal, pero en apuros puedes usar tortillas de maíz (ver las notas). Usa chiles Anaheim (chilacas) asados en lugar de los poblanos, si quieres que pique menos, o chiles verdes de Nuevo México (Hatch) asados, si quieres que pique más. Puedes preparar burritos fabulosos con costilla de res (página 118).

Presiona **Sauté-high (Saltear-alto)** en la Instant Pot y calienta el aceite. Aunque tengas que hacerlo en partes, acomoda la carne de res en una sola capa y cocínala durante alrededor de 2 minutos por cada lado, hasta que estén dorados. Pásala a un plato grande. Agrega la cebolla y el ajo y cocínalos, moviendo por alrededor de 1 minuto. Añade la sal, la pimienta, el comino, la canela, el clavo de olor y el laurel. Cocínalos, moviendo frecuentemente por alrededor de 2 minutos. Presiona **Cancel (Cancelar)**.

Regresa la carne a la olla y agrega el jitomate, la salsa y la cerveza. Asegura la tapa y establece la liberación de presión en **Sealing (Sellar)**. Presiona **Meat/Stew (Carne/Estofado)** y fija el tiempo de cocción en 25 minutos.

Cuando termine el programa de cocción, presiona **Cancel**. Permite que la presión se libere naturalmente durante 30 minutos, luego mueve la perilla de liberación a **Venting (Ventilar)** para liberar el vapor restante.

Abre la olla y presiona **Sauté-high**. Agrega los chiles poblanos y la harina de nixtamal. Espera a que hierva y cocínalos, moviendo ocasionalmente por alrededor de 5 minutos, hasta que se espese. Sirve con cebolla y cilantro encima, acompañando con tortillas, arroz y crema agria (si la usas).

NOTA  Si quieres, puedes sustituir la costilla por aguja de res (*chuck roast*), sin hueso y cortada en trozos de 2 pulgadas.

Si no tienes harina de nixtamal, remoja en caldo o agua 2 tortillas de maíz pequeñas y hazlas puré en la licuadora. Sustituye la harina de nixtamal por el puré.

# ESTOFADO DE RES CON SALSA ROJA

Este clásico estofado charro (vaquero) del norte de México estará listo en menos de 1 hora si tienes un poco de salsa roja guardada en tu congelador. Las bolitas de masa son lo suficientemente sustanciosas para sustituir el arroz (ver Variación). El estofado es magnífico en burritos (página 117), tamales (página 93), enchiladas (página 55) o tacos.

**Rinde 4 porciones**

Presiona **Sauté-high (Saltear-alto)** en la Instant Pot y calienta el aceite. Aunque tengas que hacerlo en partes, acomoda la carne de res en una sola capa y cocínala por alrededor de 10 minutos, hasta que esté dorada por todos lados. Agrega la cebolla, el ajo, el comino, el orégano y las especias, y cocina, moviendo por alrededor de 2 minutos. Presiona **Cancel (Cancelar)**. Incorpora los jitomates, el caldo, la salsa y la cerveza (si la usas).

Asegura la tapa y establece la liberación de presión en **Sealing (Sellar)**. Presiona **Meat/Stew (Carne/Estofado)** y fija el tiempo de cocción en 20 minutos.

Cuando termine el programa de cocción, presiona **Cancel**. Permite que la presión se libere naturalmente durante 30 minutos, luego mueve la perilla de liberación a **Venting (Ventilar)** para liberar el vapor restante.

Abre la olla y presiona **Sauté-high**. Agrega la harina de nixtamal y espera a que hierva, moviendo ocasionalmente por alrededor de 10 minutos, hasta que la salsa se espese y la carne empiece a deshacerse. Prueba, rectifica la sazón con sal, si es necesario, y agrega el cilantro. Sirve con los frijoles y el arroz.

### VARIACIÓN

Para preparar Estofado de res con salsa roja y bolitas de masa, mezcla en un tazón ¼ de taza de leche entera caliente y 1 cucharada de mantequilla derretida mientras se está cociendo el estofado. Incorpora un huevo grande, 1 cucharadita de sal *kosher* y revuelve hasta que se disuelva bien. Agrega ⅓ de taza de masa de nixtamal marca Maseca, y revuelve con un tenedor hasta formar una masa suave, pero no pegajosa. Con las manos húmedas, toma una porción de masa, forma una bolita de 1 pulgada y aplánala entre tu pulgar y tu índice, hundiendo ambos lados. Colócala en un plato grande. Repite la operación con el resto de la masa. Debes tener alrededor de 12 bolitas. Agrégalas al estofado en lugar de la harina de nixtamal, y cuécelas por alrededor de 5 minutos, hasta que estén firmes.

1 cucharada de aceite vegetal

2 libras de aguja de res (*chuck roast*), sin hueso, o aguayón (*top round*), cortadas en trozos de 1 pulgada

1 cebolla blanca o amarilla grande, cortada en trozos de ½ pulgada

6 dientes de ajo, picados finamente

1 cucharadita de comino molido

½ cucharadita de orégano mexicano seco

1 clavo de olor

½ cucharadita de pimienta negra, recién molida

2 jitomates *saladette* (tomates Roma o guaje), sin centro y cortados en trozos (1 taza, aproximadamente)

1 taza de caldo de res

1 taza de Salsa roja (página 141)

½ taza de cerveza oscura, tipo Negra Modelo, o caldo de res (opcional)

2 cucharaditas de harina de nixtamal, o 1 tortilla de maíz de 6 pulgadas, cortada en trozos pequeños

Hojas de ¼ de manojo de cilantro, picadas

Frijoles (habichuelas, porotos, caraotas) pintos vaqueros (página 129), para acompañar

Arroz blanco (página 134) o Arroz rojo (página 127), para acompañar

# FAJITAS DE RES CON CHIMICHURRI

Las fajitas (tiras), también conocidas como "estofado de carne", se suelen sofreír en una sartén redonda o de disco. Esta versión para Instant Pot mezcla, en un par de pasos sencillos, el guiso rápido de carne con verduras crujientes. El sabor de las fajitas aumenta si las remojas en marinada durante una noche y las sirves con chimichurri. Sírvelas con Arroz rojo (página 127).

_____

Para marinar la carne, rebánala con un cuchillo de cocina filoso en tiras de ½ pulgada de grosor (si usas arrachera, asegúrate de cortar en sentido contrario a la hebra). Pásala a un tazón grande junto con la salsa de soya, el jugo de limón, el ajo, la sal, la pimienta negra y las hojuelas de chile de árbol. Revuelve para combinar los sabores, tapa el tazón y refrigéralo entre 30 minutos y toda la noche.

Presiona **Sauté-normal/medium (Saltear-normal/medio)** en la Instant Pot y calienta el aceite. Agrega la cebolla y el ajo y cocínalos, moviendo ocasionalmente por alrededor de 5 minutos, hasta que se transparente la cebolla. Añade el pimiento morrón rojo, los chiles poblanos, los jalapeños y el jitomate, y cocínalos, moviendo ocasionalmente durante 3 a 5 minutos, hasta que las verduras estén cocidas pero firmes. Pásalas a un plato grande, sazona con la sal y reserva.

Aunque tengas que hacerlo en partes, acomoda la carne en la Instant Pot, en una sola capa, sin amontonarla, y cocínala durante alrededor de 2 minutos por cada lado, hasta que esté dorada. No la revuelvas. Reserva cualquier marinada sobrante. Pasa la carne sellada a otro plato grande y reserva. Presiona **Cancel (Cancelar)**.

Vierte el caldo en la olla y, con ayuda de una cuchara de madera, raspa cualquier parte dorada que se adhiera al fondo de la olla. Regresa 1 taza de las verduras cocidas a la olla y reserva el resto. Acomoda la carne en una capa uniforme encima de las verduras y vierte encima la marinada.

Asegura la tapa y establece la liberación de presión en **Sealing (Sellar)**. Presiona **Meat/ Stew (Carne/Estofado)** y fija el tiempo de cocción en 20 minutos.

## Rinde 4 porciones

**CARNE MARINADA**

1 aguayón o bistec (*top round steak*), o arrachera (*flank steak*), de 2 libras

2 cucharadas de salsa de soya

1 cucharada de jugo de limón, recién exprimido

8 dientes de ajo grandes, picados finamente

2 cucharaditas de sal *kosher*

2 cucharaditas de pimienta negra, recién molida

½ cucharadita de hojuelas de chile de árbol

1 cucharada de aceite vegetal

1 cebolla morada, cortada a la mitad, rebanada longitudinalmente en medias lunas de ½ pulgada

4 dientes de ajo grandes, rebanados

1 pimiento morrón rojo pequeño, sin tallo, desvenado y cortado en julianas de ½ pulgada de grosor

2 chiles jalapeños, sin tallo, desvenados y cortados en julianas

1 jitomate *saladette* (tomate Roma o guaje), sin centro, sin semillas y cortado en julianas de ½ pulgada

1 cucharadita de sal *kosher*

¼ de taza de caldo de res

CONTINUADO

## CHIMICHURRI

¼ de taza de aceite de oliva

4 dientes de ajo, picados finamente hasta formar una pasta

2 cucharaditas de jugo de limón, recién exprimido

2 cucharaditas de cebolla blanca o morada, o cebollita de cambray (cebolleta o cebollín) (la parte blanca), picada finamente

1 cucharadita de granos de pimienta negra, machacados con el costado de un cuchillo de cocina, o 1 cucharadita de pimienta negra, recién molida

¼ de cucharadita de sal *kosher*

¼ de cucharadita de hojuelas de chile de árbol

Hojas de 6 tallos grandes de perejil, picadas finamente

Hojas de 6 tallos grandes de cilantro, picadas finamente

## PARA SERVIR

Hojas de cilantro frescas, picadas

Rebanadas de aguacate

Tortillas de maíz o de harina, calientes

Cuartos de limón

Mientras se cuece la carne, prepara el chimichurri. En un tazón pequeño, mezcla todos los ingredientes. Tapa el tazón y déjalo a temperatura ambiente hasta el momento de servir.

Cuando termine el programa de cocción, presiona **Cancel (Cancelar).** Realiza una liberación rápida de presión moviendo la perilla de liberación a **Venting (Ventilar).** Abre la olla y, con ayuda de una cuchara con ranuras, coloca la carne y las verduras en un platón para servir. Cúbrelas con papel de aluminio para mantenerlas calientes.

Presiona **Sauté-high (Saltear-alto)** en la Instant Pot. Hierve el líquido y cocínalo por alrededor de 5 a 7 minutos, hasta que se reduzca a 1 taza. Agrega las verduras y la carne reservadas y cocínalas por alrededor de 1 minuto, solo hasta que se calienten. Pásalas al platón para servir. Sirve las fajitas con el cilantro, el aguacate, el chimichurri y las tortillas. Acompaña con cuartos de limón.

### VARIACIÓN

Para preparar fajitas de pollo con chimichurri, sustituye la carne por 2 libras de muslos de pollo, sin hueso y sin piel, y reduce el tiempo de cocción a 15 minutos.

# PASTEL DE CARNE A LA MEXICANA

Decorado con julianas de chile poblano y queso mexicano derretido, este no es un pastel de carne (albondigón) común. El chorizo y las hierbas aromáticas se cocinan en la Instant Pot para extraer su sabor, antes de mezclarlos con la carne. No necesitas un molde para el pastel de carne; dale forma de hogaza a la carne y envuélvela en papel de aluminio para conservar todos los jugos dentro. Sabrá mejor al día siguiente.

Presiona **Sauté-normal/medium (Sauté-normal/medio)** en la Instant Pot y calienta el aceite. Agrega la cebolla, el chile y el ajo, y cocínalos, moviendo ocasionalmente por alrededor de 5 minutos, hasta que se transparente la cebolla. Agrega el chorizo y cocínalo, moviendo ocasionalmente por alrededor de 10 minutos, hasta que ya no esté de color rosado. Presiona **Cancel (Cancelar)**. Pasa la mezcla de chorizo a un tazón y déjala enfriar a temperatura ambiente.

Corta una hoja de 16 pulgadas de papel de aluminio. En un tazón grande, mezcla la carne molida, el cerdo molido, la sal, la pimienta, la clara de huevo, el arroz cocido, la pasta de tomate y el cilantro. Agrega la mezcla de chorizo, ya fría, y mezcla con tus manos para distribuir uniformemente los ingredientes. Pasa la mezcla al papel de aluminio y forma una hogaza de alrededor de 4 pulgadas de grosor, 4 pulgadas de ancho y 6 pulgadas de alto. Dobla los bordes del papel y apriétalos, para sellar el pastel de carne.

Vierte 1½ tazas de agua en la Instant Pot, introduce la rejilla de asas largas en la olla y acomoda el pastel de carne encima. Asegura la tapa y establece la liberación de presión en **Sealing (Sellar)**. Presiona **Meat/Stew (Carne/Estofado)** y fija el tiempo de cocción en 30 minutos.

Cuando termine el programa de cocción, presiona **Cancel**. Realiza una liberación rápida de presión moviendo la perilla de liberación a **Venting (Ventilar)**. Abre la olla, introduce un termómetro digital a través del papel hasta el centro del pastel de carne. Debe registrar 165° F. Si no es así, asegura la tapa de nuevo y establece la liberación de presión en **Sealing**. Presiona **Meat-Stew** y fija el tiempo de cocción en 5 minutos.

CONTINUADO

## Rinde 4 porciones

1 cucharada de aceite vegetal

1 cebolla blanca o amarilla pequeña, picada finamente

½ chile Anaheim (chilaca), o pimiento morrón verde, picado finamente (½ taza)

3 dientes de ajo, picados finamente

8 onzas de chorizo mexicano, sin tripa y desmoronado

1 libra de carne de res molida (80% magra)

8 onzas de carne de cerdo (puerco o chancho), molida

1 cucharadita de sal *kosher*

1 cucharadita de pimienta negra, recién molida

1 clara de huevo grande

½ taza de arroz cocido (de cualquier clase), o 2 cucharadas de avena molida

1 cucharada de pasta de tomate, más 1 cucharadita

2 cucharadas de hojas de cilantro, picadas finamente

1 chile poblano grande, asado (página 6), desvenado, pelado y cortado en julianas de 1 pulgada de grosor

⅔ de taza de queso Monterey Jack rallado (opcional)

Salsa de chipotle y tomate verde (tomatillo, tomate de fresadilla) (página 142) o Salsa ranchera (página 152), para acompañar

Cuando termine el programa de cocción, presiona **Cancel**. Realiza una liberación rápida de presión moviendo la perilla de liberación a **Venting**. Abre la olla y deja reposar la carne durante 5 minutos.

Mientras, precalienta una salamandra o asador y coloca debajo una rejilla a 8 pulgadas de distancia.

Usa guantes para horno para sacar por las asas la rejilla de la Instant Pot. Desenvuelve con cuidado el pastel caliente y pásalo a un platón resistente al calor. Acomoda las julianas de chile poblano encima y esparce uniformemente el queso (si lo usas). Dora el pastel de carne entre 5 y 7 minutos, hasta que el queso burbujee o, si no lleva queso, hasta que el pastel empiece a dorarse y esté crujiente.

Corta la carne en rebanadas y sírvelas con la salsa.

Nota: Agrega una taza de granos de maíz cocidos o dos tazas de col rizada finamente cortada a la mezcla de la carne antes de hacer el pastel.

En vez de darle forma al pastel de carne sobre papel de aluminio, puedes usar una sartén redonda de 7 pulgadas, engrasada, o un molde para pan de 6 pulgadas o un molde *bundt*. Cubre con papel de aluminio y cócelo según las indicaciones. Luego, sácalo del molde antes de ponerlo en el asador.

# ESTOFADO DE CERDO Y LONGANIZA, CON FRIJOLES Y COL RIZADA

Este platillo es la versión latina del *cassoulet* francés y su protagonista es la longaniza mexicana, una salchicha de ajo, de gran sabor. (Si no puedes encontrar longanizas en tiendas de productos mexicanos, sustitúyela por salchichas de ajo frescas). Te recomiendo remojar los frijoles una noche antes, para que la carne no se cocine de más antes de que estén listos los frijoles. El estofado será caldoso al principio, pero si lo dejas reposar se espesará muy bien.

---

En un tazón grande, remoja los frijoles en 4 tazas de agua a temperatura ambiente y deja reposar durante toda la noche. Cuela los frijoles.

Presiona **Sauté-normal/medium (Saltear-normal/medio)** en la Instant Pot y calienta 1 cucharada de aceite. Agrega la cebolla, el ajo, el chile ancho y el chile de árbol, y cocínalos, moviendo ocasionalmente por alrededor de 10 minutos, hasta que se dore la cebolla. Pásalos a un plato.

Agrega a la olla la cucharada restante de aceite y la longaniza. Cocina, moviendo ocasionalmente por alrededor de 5 minutos, hasta que la longaniza ya no tenga color rosado. Agrega la carne de cerdo y cocínala, moviendo ocasionalmente por alrededor de 5 minutos, hasta que se dore ligeramente. Agrega los frijoles colados, la mejorana, el laurel, la sal, la pimienta, el agua y los jitomates, y revuelve. Presiona **Cancel (Cancelar)**.

Asegura la tapa y establece la liberación de presión en **Sealing (Sellar)**. Presiona **Meat/Stew (Carne/Estofado)** y fija el tiempo de cocción en 25 minutos.

Mientras, hierve agua salada en una olla grande a fuego alto. Agrega las verduras de hoja verde y cocínalas por 2 minutos. Cuélalas y reserva.

Cuando termine el programa de cocción, presiona **Cancel**. Permite que la presión se libere naturalmente durante 10 minutos, luego mueve la perilla de liberación a **Venting (Ventilar)** para liberar el vapor restante. Abre la olla y agrega las verduras de hoja verde; el estofado estará caldoso, pero se espesará si lo dejas reposar. Vuelve a colocar la tapa, pero sin asegurarla, y deja que repose durante 10 minutos. Prueba y rectifica la sazón con sal y pimienta, si es necesario. Sirve con chicharrón encima (si lo usas).

## Rinde 6 porciones

1 taza de frijoles (habichuelas, porotos o caraotas) blancos Great Northern, secos

2 cucharadas de aceite vegetal, o manteca fresca (página 10)

1 cebolla blanca o amarilla grande, picada

6 dientes de ajo, rebanados

1 chile ancho, sin tallo, desvenado y troceado

1 chile de árbol, sin tallo y desvenado

12 onzas de longaniza (longa o tripa), sin la tripa y desmenuzada en trozos pequeños

1 libra de paletilla de cerdo (puerco o chancho) (*pork shoulder*), sin hueso, cortada en trozos de 1 pulgada

½ cucharadita de mejorana seca

1 hoja de laurel

2 cucharaditas de sal *kosher*

1 cucharadita de pimienta negra, recién molida

3 tazas de agua, caldo de res o caldo de pollo

3 jitomates *saladette* (tomates Roma o guaje), sin centro y picados (1½ tazas, aproximadamente), o 1 lata de 14½ onzas de jitomates picados, colados

1 manojo de col rizada (*kale*, repollo rizado o berza), o acelgas, sin tallo, en julianas de ½ pulgada

½ taza de chicharrón (piel frita de cerdo, puerco o chancho) desmoronado (opcional)

# TACOS DE MACHACA DE RES

**Rinde 4–6 porciones**

3 cucharadas de aceite vegetal

½ cebolla morada, rebanada

2 dientes de ajo grandes, picados finamente (1 cucharada, aproximadamente)

2 chiles Anaheim (chilacas), sin tallo, desvenados y cortados en julianas de ½ pulgada

1 chile jalapeño grande, sin tallo, desvenado y picado

2 jitomates *saladette* (tomates Roma o guaje), sin centro, sin semillas y picados

Carne de res deshebrada de 1 preparación de Caldo de carne de res deshebrada Uno-Dos-Tres (página 156)

2 cucharaditas de sal *kosher*

2 cucharaditas de pimienta negra, recién molida

½ taza de Salsa de chipotle y tomate verde (tomatillo, tomate de fresadilla) (página 142)

½ taza de Caldo de carne de res deshebrada Uno-Dos-Tres (página 156)

¼ de taza de hojas de cilantro frescas, picadas

12–16 tortillas de maíz

La carne de res deshebrada se saltea con salsa y verduras para preparar un delicioso relleno para tacos (conocido como machaca) que tiene múltiples usos, incluida una versión para los desayunos-almuerzos (ver Variación). Sírvela sobre tortillas de maíz ligeramente fritas, con queso, cebolla y salsa picante. Suelo ponerles chicharrón (página 10) encima a los tacos, para darles más textura y sabor.

---

Presiona **Sauté-normal/medium (Saltear-normal/medio)** en la Instant Pot y calienta 2 cucharadas de aceite. Agrega la cebolla, los ajos, los chiles Anaheim, el jalapeño y los jitomates. Cocínalos, moviendo ocasionalmente por alrededor de 3 minutos, hasta que las verduras se suavicen ligeramente. Agrega la carne deshebrada, la sal, la pimienta, la salsa y el caldo. Cocina, moviendo ocasionalmente durante 3 a 5 minutos, hasta que la mezcla esté seca y espesa. (No debería estar caldosa; si es así, saca la carne a un plato con ayuda de una cuchara con ranuras y hierve el líquido de la cocción hasta que se espese. Regresa la carne a la olla y revuelve). Incorpora el cilantro. Presiona **Cancel (Cancelar)**.

En una sartén a fuego medio-alto, calienta la cucharada restante de aceite. Agrega las tortillas, una a la vez, y cocínalas alrededor de 2 a 3 minutos por cada lado, hasta que estén crujientes y doradas. Pásalas a un plato grande.

Coloca la machaca en un tazón para servir. Sirve con cebolla picada, cilantro, queso Monterey Jack, pico de gallo, salsa picante, chicharrón (si lo usas) y tortillas para preparar tacos.

**NOTA** Puedes sustituir la Salsa de chipotle y tomate verde por Salsa verde fresca o salsa comercial, idealmente preparadas con tomates verdes.

### VARIACIÓN

Para un platillo de machaca sustancioso, sirve con Arroz rojo (página 127), Frijoles (habichuelas, porotos, caraotas) pintos refritos (página 124) y tortillas de harina calientes.

# CARNITAS

En México, las carnitas se cuecen durante horas en una olla de cobre grande, hasta que la carne de cerdo está suave y se desprende fácilmente del hueso. Esta versión produce una carne suculenta en menos de 1 hora. Disfrútalas en su versión tradicional con salsa de tomatillos, o en tacos o en burritos (página 117). También puedes usarlas para preparar mis tamales favoritos (página 93).

Sazona el cerdo con la sal y la pimienta.

Presiona **Sauté-normal/medium (Saltear-normal/medio)** en la Instant Pot y calienta la manteca. Aunque tengas que hacerlo en partes, acomoda el cerdo en una sola capa y cocínalo durante 3 a 5 minutos por cada lado, hasta que esté dorado por todas partes. Pásalo a un plato grande. Presiona **Cancel (Cancelar)**. Agrega la cebolla, el ajo y el agua, y raspa cualquier parte dorada que se adhiera al fondo de la olla con una cuchara de madera. Regresa el cerdo a la olla junto con cualquier jugo que se haya acumulado en el plato.

Asegura la tapa y establece la liberación de presión en **Sealing (Sellar)**. Presiona **Meat/Stew (Carne/Estofado)** y fija el tiempo de cocción en 30 minutos.

Cuando termine el programa de cocción, presiona **Cancel**. Permite que la presión se libere naturalmente durante 20 minutos, luego mueve la perilla de liberación a **Venting (Ventilar)** para liberar el vapor restante. Abre la olla y déjala enfriar durante 10 minutos. Sirve la carne con la salsa, el aguacate, la cebolla picada, el cilantro, el chicharrón (si lo usas) y las tortillas.

**NOTA**  Guarda la grasa que queda en la Instant Pot para freír en una sartén y carnitas para otras recetas como tamales o chile verde (página 75).

## Rinde 4–6 porciones

2½ libras de paletilla de cerdo (puerco, chancho) (*pork shoulder*), sin hueso, cortada en trozos de 1½ pulgadas

1 cucharadita de sal *kosher*

1 cucharadita de pimienta negra, recién molida

1 cucharada de manteca fresca (página 10), o aceite vegetal

½ cebolla blanca, rebanada finamente

4 dientes de ajo grandes, cortados a la mitad

1½ tazas de agua

### PARA SERVIR
Salsa verde fresca (página 140)

Tortillas de maíz, calientes

Aguacate picado

Cebolla blanca, picada

Hojas de cilantro frescas, picadas

Chicharrón (piel frita de cerdo, puerco o chancho), desmoronado (opcional)

# CHILE VERDE

Este homenaje al chile es mi versión del platillo icónico del suroeste de Estados Unidos. Para mi gusto, sabe mejor moderadamente picante. Cuando los chiles verdes de Nuevo México (Hatch) están en temporada, para finales del verano, prefiero usarlos en lugar de los poblanos. Es esencial asar y quemar los ingredientes para obtener el mejor sabor.

---

Cubre una plancha o una sartén de hierro con papel aluminio, y asa los tomates verdes y el chile serrano, volteándolos constantemente, durante 5 o 7 minutos, hasta que se quemen ligeramente y se suavicen. Pásalos a una licuadora. Pica 1 chile Anaheim y 1 chile poblano, y reserva. Agrega los otros 2 chiles Anaheim y 1 chile poblano a la licuadora, y muélelos hasta obtener una consistencia suave.

Presiona **Sauté-normal/medium (Saltear-normal/medio)** en la Instant Pot y calienta la manteca. Agrega la mitad del cerdo en una capa uniforme, y cocínalo, moviendo ocasionalmente por alrededor de 5 minutos, hasta que se dore ligeramente. Sazona con 1¼ cucharaditas de sal y ¾ de cucharadita de pimienta. Con ayuda de una cuchara con ranuras, pasa el cerdo a un plato. Añade el cerdo restante, la cebolla, el ajo y el comino, y cocina, moviendo ocasionalmente por alrededor de 2 minutos, hasta que el cerdo se dore ligeramente. Sazona con la sal y la pimienta restantes. Incorpora la harina y cocina, moviendo frecuentemente por alrededor de 2 minutos, hasta que la harina empiece a dorarse. Agrega el cerdo reservado, el caldo, los jitomates y las papas (si las usas), y raspa cualquier parte dorada que se adhiera al fondo de la olla. Presiona **Cancel (Cancelar)**.

Asegura la tapa y establece la liberación de presión en **Sealing (Sellar)**. Presiona **Meat/Stew (Carne/Estofado)** y fija el tiempo de cocción en 25 minutos.

Cuando termine el programa de cocción, presiona **Cancel**. Permite que la presión se libere naturalmente durante 20 minutos, luego mueve la perilla de liberación a **Venting (Ventilar)** para liberar el vapor restante. Abre la olla e incorpora los chiles Anaheim y poblanos picados. Prueba y rectifica la sazón con sal y pimienta, si es necesario. Sírvelo con arroz, acompañando con crema agria, cilantro, cebolla picada y aguacate.

## Rinde 4 porciones

3 tomates verdes (tomatillos o tomates de fresadilla), sin cáscara

1 chile serrano sin tallo

3 chiles Anaheim (chilacas), asados (página 6), desvenados y pelados

2 chiles poblanos, asados (página 6), desvenados y pelados

2 cucharadas de manteca fresca (página 10), o aceite vegetal

2 libras de paletilla de cerdo (puerco o chancho) (*pork shoulder*), sin hueso, cortada en cubos de ½ pulgada

2½ cucharaditas de sal *kosher*

1½ cucharaditas de pimienta negra, recién molida

1 cebolla blanca o amarilla pequeña, picada

8 dientes de ajo grandes, picados finamente

1 cucharada de comino molido

3 cucharadas de harina de trigo

2½ tazas de caldo de pollo

3 jitomates *saladette* (tomates Roma o guaje), sin centro y picados (2 tazas, aproximadamente), o 1 lata de 14½ onzas de jitomates picados, colada

8 onzas de papas rojas o blancas, peladas y picadas (opcional)

# ALBÓNDIGAS DE CERDO EN SALSA VERDE CON CHICHARRÓN

**Rinde 4 porciones**

1 cebolla blanca o amarilla pequeña, cortada en trozos

4 dientes de ajo grandes, pelados

1 chile serrano, sin tallo

½ taza de arroz blanco cocido o pan recién rallado

1 clara de huevo grande

2 cucharadas de hojas frescas de cilantro, perejil o epazote, picado

2 cucharaditas de sal *kosher*

1 cucharadita de pimienta negra, recién molida

½ cucharadita de orégano mexicano seco, frotado entre tus dedos

¼ de cucharadita de anís, o semillas de comino

1¼ libras de carne de cerdo (puerco o chancho), molida

1 taza de caldo de pollo o de res

2 cucharadas de aceite vegetal

1 taza de Salsa verde (página 140)

El truco para manipular las delicadas albóndigas en la Instant Pot es cocerlas primero y dorarlas después, cuando ya estén firmes. Es mucho más fácil y no se pegarán. Estas deliciosas albóndigas se sirven en una salsa suculenta y caldosa, perfecta para remojar el arroz. El chicharrón crujiente (página 10) es una guarnición maravillosa.

En el procesador de alimentos, muele la cebolla, los ajos, el chile serrano y el arroz. Pulsa hasta que la mezcla esté picada finamente. Pásala a un tazón y agrega la clara de huevo, el cilantro, la sal, la pimienta, el orégano y el anís. Mezcla bien e incorpora el cerdo molido. Mezcla con tus manos para distribuir los ingredientes uniformemente. Divide la mezcla en 16 porciones iguales y, con las manos húmedas, forma una bola con cada una.

Vierte el caldo en la Instant Pot e introduce la rejilla de asas largas en la olla. Acomoda las albóndigas sobre la rejilla en una sola capa.

Asegura la tapa y establece la liberación de presión en **Sealing (Sellar)**. Presiona **Meat/Stew (Carne/Estofado)** y fija el tiempo de cocción en 10 minutos.

Cuando termine el programa de cocción, presiona **Cancel (Cancelar)**. Realiza una liberación rápida de presión moviendo la perilla de liberación a **Venting (Ventilar)**. Con ayuda de unas pinzas, pasa las albóndigas a un plato y cúbrelo con papel de aluminio para mantenerlas calientes.

Usa guantes para horno, saca la olla interna de la Instant Pot y vierte el líquido de la cocción en un tazón pequeño. Reserva. Limpia la olla interna y reinsértala.

Presiona **Sauté-high (Saltear-alto)** en la Instant Pot y calienta el aceite. Agrega las albóndigas y cocínalas, volteándolas ocasionalmente durante alrededor de 5 minutos, hasta que se doren por todas partes. Presiona **Cancel**. Usa pinzas para devolver las albóndigas al plato. Con guantes para horno, saca la olla interna y desecha el aceite. Reinserta la olla interna y presiona **Sauté-high**. Agrega la salsa y ½ taza del líquido de la

CONTINUADO

PARA SERVIR

Chicharrón (piel frita de cerdo, puerco o chancho), desmoronado

Cebolla blanca, picada

Hojas de cilantro frescas, picadas

Crema agria (opcional)

Salsa verde (página 140) (opcional)

Arroz blanco (página 134)

cocción reservado. Regresa las albóndigas a la olla y acomódalas en una capa uniforme. Espera a que hiervan y cocínalas por 5 minutos, hasta que se calienten. Presiona **Cancel**.

Coloca la tapa, sin asegurarla, y deja reposar durante 5 minutos. Si quieres la salsa un poco más ligera, agrega un poco del líquido reservado de la cocción hasta obtener la consistencia deseada. Prueba y rectifica la sazón con sal y pimienta, si es necesario.

Sirve las albóndigas y la salsa en tazones calientes. Decora con chicharrón, cebolla picada y cilantro, y sirve con crema agria (si la usas), salsa verde (si la usas) y arroz, aparte.

NOTA   Si lo prefieres, puedes sustituir el cerdo molido por pavo o pollo molido.

# COCHINITA PIBIL

En el estado de Yucatán, el cerdo se sazona con achiote, especias, cítricos y ajo, se envuelve en hojas de plátano (banana) y se cuece en una fosa. En esta receta los trozos de cerdo se envuelven en papel de aluminio, para que la carne se cocine en su delicioso jugo. Sirve la cochinita con Frijoles (habichuelas, porotos, caraotas) negros básicos (ver Nota, página 23) y cualquier receta de arroz de este libro, para un festín yucateco.

---

Para marinar el cerdo, mezcla en un tazón grande la cebolla, el ajo, los chiles serranos, la pasta de achiote, el vinagre, el comino, el jugo de limón, la sal, el cilantro y 1 cucharada de aceite vegetal. Con ayuda de un tenedor, machaca la mezcla hasta formar una pasta. Cubre uniformemente con la pasta los trozos de cerdo. Tapa el tazón y refrigéralo durante al menos 1 hora, de preferencia toda la noche.

Presiona **Sauté-normal/medium (Saltear-normal/medio)** en la Instant Pot y calienta las otras 2 cucharadas de aceite. Aunque tengas que hacerlo en partes, acomoda el cerdo en una sola capa y cocínalo entre 3 y 5 minutos, moviendo ocasionalmente hasta que la marinada se fije. Pásalo a un plato grande. Presiona **Cancel (Cancelar)**.

Corta cuatro cuadrados de papel de aluminio de 10 pulgadas y acomódalos en tu superficie de trabajo. Coloca en ellos el cerdo, equitativamente repartido, y agrega aros de cebolla, ruedas de jalapeño y rodajas de jitomate. Dobla los bordes del papel para sellar los paquetes.

Vierte 1½ tazas de agua en la Instant Pot, e introduce la rejilla de asas largas. Acomoda los paquetes encima, sobreponiéndolos para que quepan. Asegura la tapa y establece la liberación de presión en **Sealing (Sellar)**. Presiona **Meat/Stew (Carne/Estofado)** y fija el tiempo de cocción en 35 minutos.

Cuando termine el programa de cocción, presiona **Cancel (Cancelar)**. Permite que la presión se libere naturalmente durante 20 minutos, luego mueve la perilla de liberación a **Venting (Ventilar)** para liberar el vapor restante.

Abre la olla. Usando guantes de horno, toma las asas y saca con cuidado la rejilla. Con ayuda de unas pinzas, coloca los paquetes en platos individuales y déjalos enfriar por 5 minutos antes de servir. Permite que cada comensal abra su propio paquete en la mesa. Acompaña con cebolla picada, aguacate, cilantro, cuartos de limón y tortillas.

## Rinde 4–6 porciones

### MARINADA DE CERDO
½ cebolla blanca o amarilla pequeña, picada finamente

4 dientes de ajo grandes, picados finamente

2 chiles serranos, sin tallo y picados finamente (con semillas)

3 cucharadas de pasta de achiote (bija u onoto) (página 9), desmoronada

2 cucharadas de vinagre blanco

1 cucharada de comino molido

1 cucharada de jugo de limón, recién exprimido

1 cucharada de sal *kosher*

Hojas de ½ manojo de cilantro, picadas

3 cucharadas de aceite vegetal

2½ libras de paletilla de cerdo (puerco o chancho) (*pork shoulder*), sin hueso, cortada en trozos de 2 pulgadas

1 rebanada de cebolla blanca o morada de ¼ de pulgada de grosor, con los aros separados

1 chile jalapeño, sin tallo y rebanado finamente (con semillas)

1 jitomate *saladette* (tomate Roma o guaje) rebanado finamente

### PARA SERVIR
Cebolla blanca, picada

Aguacate, picado

Hojas de cilantro frescas, picadas

Cuartos de limón

Tortillas de maíz, calientes

# TOCINO CON GLASEADO DE CHIPOTLE Y MIEL DE AGAVE

**Rinde 4 porciones**

3 tazas de agua

½ taza de miel de agave (pita o maguey), más 1 cucharadita

½ taza de piloncillo molido compacto (página 13), o azúcar mascabado (azúcar sin refinar)

½ taza de chiles de árbol, sin tallo

2 chiles chipotle secos, sin tallo, o 2 chiles chipotle en adobo

1 chile habanero, cortado a la mitad (con semillas)

3 rebanadas de jengibre fresco, de ½ pulgada de grosor

2 dientes de ajo, pelados y machacados

1 rebanada de cebolla blanca o amarilla, de ½ pulgada de grosor

¼ de taza de sal *kosher*, más 2 cucharadas

1 cucharada de granos de pimienta negra

1 trozo de tocino (*pork belly*, tocineta o panceta) de 2 libras, con piel, cortado en varios trozos grandes (para que entren en la olla interna)

1 cucharada de aceite vegetal

1 taza de caldo de pollo

1 taza de vino blanco seco, tipo Sauvignon Blanc

Esta receta requiere dos días para marinar, cocer, refrigerar y cocer un poco más, pero si amas el tocino valdrá el esfuerzo. El picor del chile habanero, mezclado con el dulzor del agave y el piloncillo, es dinamita pura. Es delicioso servido en pequeños bocados crujientes con Esquites (granos de elote, maíz, choclo) (página 105) o Ensalada de nopales (página 114).

En la Instant Pot, mezcla el agua, ½ taza de miel de agave, el piloncillo, los chiles de árbol, los chiles chipotle, el chile habanero, el jengibre, el ajo, la cebolla, la sal y la pimienta. Presiona **Sauté-high (Saltear-alto)** y espera a que hierva. Cocina, revolviendo para disolver el azúcar, por alrededor de 5 minutos. Presiona **Cancel (Cancelar)**. Deja que la marinada se enfríe a temperatura ambiente.

Con un cuchillo filoso, haz cortes de 1 pulgada en forma de rombo en el lado de la grasa de cada pieza de tocino. No cortes más de ¼ de pulgada de profundidad, para que no llegues a la carne. Acomoda las piezas en un contenedor poco profundo de vidrio o de cerámica, lo suficientemente grande para que quepa todo el tocino en una sola capa. Vierte encima la marinada fría. Coloca una película de plástico adherible sobre el tocino y, encima, pon un plato para que se mantenga sumergido en la marinada. Refrigéralo durante al menos 12 horas, hasta 2 días.

Saca el tocino de la marinada y sécalo con toallas de papel. Con un colador de metal, cuela la marinada en un tazón. Reserva los sólidos en el colador y reserva también 1 taza de la marinada.

Presiona **Sauté-high** en la Instant Pot y calienta el aceite. Agrega un trozo de tocino, con la grasa hacia abajo, y coloca un molde redondo de metal de 7 pulgadas y algunas latas pesadas encima. Fríelo entre 5 y 7 minutos, hasta que esté muy dorado. Quita las latas y el molde, y voltea el tocino. Vuelve a colocar el molde y las latas y fríelo entre 5 y 7 minutos, hasta que el otro lado esté muy dorado. Pásalo a un plato y repite el proceso con los demás trozos de tocino. Pásalos al plato y presiona **Cancel**.

Con guantes para horno, saca la olla interna de la Instant Pot y tira la grasa. Reinserta la olla. Agrega los sólidos colados de la marinada, la taza de marinada reservada, el caldo y el vino. Regresa el tocino a la olla, acomodando las piezas en una sola capa. Coloca encima un par de platos pequeños, resistentes al calor, para que se mantenga completamente sumergido en el líquido.

Asegura la tapa y establece la liberación de presión en **Sealing (Sellar)**. Presiona **Meat/ Stew (Carne/Estofado)** y fija el tiempo de cocción en 35 minutos.

Cuando termine el programa de cocción, presiona **Cancel**. Permite que la presión se libere naturalmente durante 20 minutos, luego mueve la perilla de liberación a **Venting (Ventilar)** para liberar el vapor restante. Abre la olla y saca los platos. Con ayuda de unas pinzas, pasa el tocino con cuidado a un contenedor poco profundo de vidrio o de cerámica, lo suficientemente grande para que quepa todo el tocino en una sola capa. Usando guantes para horno, saca la olla interna de la Instant Pot y, con un colador de metal, cuela el líquido de la cocción en un tazón. Desecha los sólidos del colador y vierte el líquido sobre el tocino. Cubre con una película de plástico adherible y pon un plato encima para que se mantenga sumergido. Refrigéralo durante al menos 6 horas.

Saca el tocino del líquido y sécalo con toallas de papel. Reserva el líquido. Corta el tocino en cubos de 2 pulgadas aproximadamente.

Calienta una sartén antiadherente grande sobre fuego medio. Aunque tengas que hacerlo en partes, acomoda los trozos de tocino con la grasa hacia abajo y cocínalos 5 o 7 minutos, hasta que estén crujientes. Conforme esté lista cada porción, pasa el tocino a un plato grande con ayuda de unas pinzas. Cuando todos los trozos estén dorados, usa las pinzas para devolverlos a la sartén, con el lado crujiente hacia arriba. Añade 1½ tazas del líquido reservado y la cucharadita restante de miel de agave. Espera a que hierva y cocina durante 3 o 5 minutos, hasta que el líquido se reduzca a un glaseado espeso y el tocino esté completamente caliente. Sirve caliente, con el glaseado encima.

NOTA Para un final más picante, agrega ½ chile habanero a la sartén, junto con el líquido de la cocción y la miel de agave.

# TACOS DE CHORIZO, FRIJOLES NEGROS Y CAMOTE

**Rinde 4–6 porciones**

1 libra de camotes (batatas o boniatos) blancos, pelados y cortados en trozos de 1 pulgada (3 tazas, aproximadamente)

1 taza de agua

1½ cucharaditas de sal *kosher*

2 cucharadas de aceite vegetal

1 cebolla blanca o amarilla grande, picada

3 dientes de ajo, picados finamente

1 chile poblano o pimiento morrón verde, sin tallo, desvenado y picado

1 cucharadita de pimienta negra, recién molida

1 cucharadita de comino molido

1 cucharadita de orégano mexicano seco

8 onzas de chorizo mexicano, sin tripa

1½ tazas de Frijoles (habichuelas, porotos, caraotas) negros básicos (Nota, página 23), colados

### PARA SERVIR

Rebanadas de aguacate o Salsa de aguacate y tomate verde (tomatillo o tomate de fresadilla) (página 150)

Salsa de chipotle y ajo (página 153)

Salsa de chile habanero (página 144)

Pico de gallo (página 139)

Queso Cotija, rallado

Cebolla blanca, picada

Cilantro fresco, picado

Tortillas de maíz, calientes

Este platillo se cocina en menos de 30 minutos en la Instant Pot, por lo que es ideal para cenar entre semana. Si vives cerca de una tienda de productos mexicanos donde hagan su propio chorizo, tienes suerte; si no, cualquier chorizo comercial de alta calidad estará bien.

En la Instant Pot, revuelve los camotes, el agua y ½ cucharadita de sal. Asegura la tapa y establece la liberación de presión en **Sealing (Sellar)**. Presiona **Pressure Cook (Cocción a presión)** y fija el tiempo de cocción en 2 minutos.

Cuando termine el programa de cocción, presiona **Cancel (Cancelar)**. Realiza una liberación rápida de presión moviendo la perilla de liberación a **Venting (Ventilar)**. Abre la olla y, usando guantes para horno, saca la olla interna y cuela los camotes.

Lava la olla interna, sécala y reinsértala en la Instant Pot. Presiona **Sauté-high (Saltear-alto)** y calienta el aceite. Agrega la cebolla, el ajo y el chile poblano, y cocínalos, moviendo ocasionalmente durante alrededor de 2 minutos, hasta que las verduras empiecen a suavizarse. Añade la otra cucharadita de sal, la pimienta, el comino y el orégano, y cocina, moviendo durante alrededor de 1 minuto. Pasa la mezcla a un plato y reserva.

Agrega el chorizo a la olla y cocínalo, moviendo ocasionalmente y rompiéndolo en trozos pequeños, durante alrededor de 10 minutos, hasta que esté bien cocido. Agrega los frijoles negros y la mezcla de cebolla, y cocina, moviendo ocasionalmente por alrededor de 2 minutos, hasta que se calienten. Incorpora los camotes, coloca la tapa sin asegurarla y presiona **Cancel**. Déjala reposar 5 minutos, hasta que los camotes se calienten. Prueba y rectifica la sazón con sal y pimienta, si es necesario.

Pasa el relleno a un tazón y sirve con la salsa de aguacate, la salsa para tacos, la salsa de chile habanero, el Pico de gallo, el queso Cotija, la cebolla picada, el cilantro y las tortillas para preparar tacos.

# TACOS AL PASTOR

Los tacos "al pastor" son icónicos de la Ciudad de México. Se preparan con carne de cerdo sazonada que se cocina en un espetón que gira junto al fuego y luego se rebana y se dora. Esta adaptación, preparada con cerdo picado, es una honorable variación de los tacos "al pastor". El tradicional toque final con piña es muy sabroso.

En la Instant Pot, mezcla el cerdo, ½ cucharadita de sal y el agua. Asegura la tapa y establece la liberación de presión en **Sealing (Sellar)**. Presiona **Meat/Stew (Carne/Estofado)** y fija el tiempo de cocción en 30 minutos.

Mientras, mezcla en un tazón el chile en polvo, la pasta de achiote, la sal de ajo, el comino, la pimienta, el ajo, el aceite y el vinagre. Incorpora la piña y la cebolla.

Asa la mezcla de piña a fuego medio, en una sartén grande, moviendo frecuentemente durante alrededor de 5 minutos, hasta que se suavice. Retira la sartén del fuego.

Cuando termine el programa de cocción, presiona **Cancel (Cancelar)**. Realiza una liberación rápida de presión moviendo la perilla de liberación a **Venting (Ventilar)**. Abre la olla y déjala reposar durante 10 minutos.

Con una cuchara con ranuras, pasa el cerdo a la sartén con la mezcla de piña, y agrega ½ taza del líquido de la cocción. Cocínalo a fuego medio-alto, moviendo suavemente durante 5 minutos, hasta que la mezcla se vea seca y el cerdo tenga una costra ligera.

Pásalo a un tazón y sirve con aguacate, cebolla picada, cilantro y tortillas para preparar tacos.

## Rinde 4–6 porciones

2 libras de paletilla de cerdo (puerco o chancho) (*pork shoulder*), sin hueso, cortada en trozos de 1 pulgada

1½ cucharaditas de sal *kosher*

¾ de taza de agua

¼ de taza de chile California en polvo, o chile guajillo en polvo

1 cucharada de pasta de achiote (bija u onoto) (página 9)

2 cucharaditas de sal de ajo

2 cucharaditas de comino molido

1 cucharadita de pimienta negra, recién molida

6 dientes de ajo, picados (2 cucharadas, aproximadamente)

3 cucharadas de aceite vegetal

3 cucharadas de vinagre blanco

⅓ de taza de piña fresca, picada finamente, o trozos de piña enlatada, colados

½ cebolla blanca, picada

### PARA SERVIR

Aguacate, picado, o Salsa de aguacate y tomate verde (tomatillo o tomate de fresadilla) (página 150)

Cebolla blanca o morada, picada

Hojas de cilantro frescas, picadas

Tortillas de maíz, calientes

# CHILEAJO OAXAQUEÑO

**Rinde 4–6 porciones**

4 libras de paletilla de cerdo (puerco o chancho) (*pork shoulder*), con hueso y con la carne separada del hueso (debes tener 3 libras de carne y 1 libra de hueso, aproximadamente)

3 tazas de agua

1 cucharadita de sal *kosher*

8 granos de pimienta negra

8 chiles de árbol

4 chiles guajillo grandes, o 6 medianos, sin tallo y desvenados

1 chile ancho, sin tallo y sin semillas

2 tazas de agua hirviendo

5 dientes de ajo grandes, con cáscara

½ cebolla blanca o amarilla pequeña, cortada en trozos

½ cucharadita de comino molido

½ cucharadita de orégano mexicano seco

1 clavo de olor

1 jitomate *saladette* (tomate Roma o guaje), sin centro

6 tomates verdes (tomatillos o tomates de fresadilla), sin cáscara y troceados

2 cucharadas de manteca fresca (página 10), o aceite vegetal

Esta receta lleva varios pasos, cada uno para incrementar el sabor. Para ahorrar tiempo, algunos se hacen en la estufa. Asegúrate de leer toda la receta antes de empezar. La carne se cocina con los huesos para añadir sabor y cuerpo al sencillo mole rojo.

---

Corta el cerdo en trozos de 1½ pulgadas y acomódalos, junto con los huesos, en la Instant Pot. Agrega el agua, la sal y la pimienta.

Asegura la tapa y establece la liberación de presión en **Sealing (Sellar)**. Presiona **Meat/Stew (Carne/Estofado)** y fija el tiempo de cocción en 20 minutos.

Mientras se cuece el cerdo, tuesta en una sartén grande, durante alrededor de 1 minuto y a fuego medio-alto, los chiles de árbol, guajillo y ancho, volteándolos ocasionalmente y cuidando de no quemarlos. Pásalos a un plato y deja que se enfríen. Quita y desecha las semillas y las venas de los chiles, rómpelos en trozos pequeños y pásalos a un tazón. Vierte encima el agua hirviendo y déjalos reposar 10 minutos, hasta que se ablanden. Cuela los chiles, desecha el líquido de remojo y pásalos a la licuadora.

En la misma sartén, tuesta los dientes de ajo a fuego medio, volteándolos ocasionalmente durante alrededor de 5 minutos, hasta que estén dorados por todos lados. Pásalos a un plato. Espera a que se enfríen, pélalos y agrégalos a la licuadora, junto con la cebolla, el comino, el orégano y el clavo de olor. Reserva.

Cuando termine el programa de cocción, presiona **Cancel (Cancelar)**. Realiza una liberación rápida de presión moviendo la perilla de liberación a **Venting (Ventilar)**. Abre la olla y agrega 1 taza del líquido de la cocción a la licuadora. Licúa hasta obtener una consistencia suave, raspando los costados de la licuadora si es necesario.

Con una cuchara con ranuras, pasa la carne a un plato. Saca y desecha los huesos. Agrega el jitomate y los tomates verdes al líquido de la cocción, en la olla. Presiona **Sauté-high (Saltear-alto)**, espera a que hierva y cocínalos por alrededor de 5 minutos, hasta que las verduras se suavicen. Presiona **Cancel**. Con ayuda de una cuchara con ranuras, pasa las verduras a un tazón pequeño. Reserva el líquido de la cocción.

En una olla holandesa, calienta la manteca a fuego medio. Agrega la carne y cocínala, moviendo suavemente para no romperla, durante 3 a 5 minutos, hasta que se dore ligeramente. Incorpora el puré de chile, pero no enjuagues la licuadora. Cocina, moviendo por alrededor de 5 minutos para que el puré de chile no se pegue a la olla, hasta que se espese y se oscurezca.

Pasa los jitomates y los tomates verdes a la licuadora y muélelos hasta obtener una consistencia suave. Vierte el puré en la olla, con el cerdo, y cocina, moviendo ocasionalmente por alrededor de 5 minutos, hasta que se espese.

Mientras, con guantes para horno saca la olla interna de la Instant Pot y vierte el resto del líquido de la cocción en la licuadora. Enciéndela para desprender los residuos de puré y viértelo en la olla, con el cerdo. Espera a que hierva, y cocina sin tapar, moviendo ocasionalmente por alrededor de 30 minutos, hasta que se espese. Prueba y rectifica la sazón con sal y pimienta, si es necesario. Sirve acompañado de cebolla picada, cilantro, arroz y tortillas.

PARA SERVIR
Cebolla blanca, picada
Hojas de cilantro frescas, picadas
Arroz blanco (página 134)
Tortillas de maíz, calientes

# GUISADO DE RES Y CHIPOTLE A LA CERVEZA, CON VERDURAS

**Rinde 4–6 porciones**

2 jitomates *saladette* (tomates Roma o guaje), sin centro y cortados en trozos

1 tomate verde (tomatillo o tomate de fresadilla), sin cáscara y cortado en trozos

3 dientes de ajo, sin cáscara

2 chiles chipotle en adobo

2 rebanadas de tocino (tocineta o panceta), cortadas en trozos de 1 pulgada

1 cebolla blanca o amarilla pequeña, rebanada finamente

1 cucharada de manteca fresca (página 11), o aceite vegetal

2½ libras de aguja de res (*chuck roast*), sin grasa y cortada en cubos de 2 pulgadas

2 cucharaditas de sal *kosher*

1 cucharadita de pimienta negra, recién molida

½ cucharadita de orégano mexicano seco

6 hojas de epazote frescas, cortadas en julianas, o ¼ de taza de hojas de cilantro frescas, picadas

¾ de taza de cerveza oscura, tipo Negra Modelo

¾ de taza de caldo de res

1½ libras de papas, camotes (batatas o boniatos), coles de Bruselas (repollos de Bruselas) y zanahorias, cortados en trozos de 2 pulgadas

Cualquier estofado con carne de res, cerveza, chiles y tocino está destinado a ser un éxito. Los chipotles en adobo le dan el picor ahumado a este estofado, repleto de verduras de temporada. El epazote fresco (página 12) le añade un auténtico sabor mexicano. La receta solo lleva la mitad de una lata de cerveza, así que tendrás que beberte la otra mitad.

Muele en la licuadora los jitomates, el tomate, los ajos y los chipotles. Licúa hasta obtener una consistencia suave, raspando los costados de la licuadora, si es necesario. Reserva.

Presiona **Sauté-high (Saltear-alto)** en la Instant Pot y agrega el tocino. Cocínalo, moviendo ocasionalmente entre 3 y 5 minutos, hasta que suelte la grasa. Agrega la cebolla y cocina, moviendo ocasionalmente durante alrededor de 5 minutos, hasta que se transparente. Pasa la mezcla de tocino y cebolla a un plato pequeño.

Agrega la manteca a la Instant Pot. Aunque tengas que hacerlo en partes, acomoda la carne en una sola capa y cocínala durante alrededor de 2 minutos por cada lado, hasta que esté dorada. Pásala a un plato grande. Cuando ya hayas dorado toda la carne, sazónala con sal, pimienta y orégano. Presiona **Cancel (Cancelar)**. Usando guantes para horno, saca la olla interna de la Instant Pot y desecha la grasa. Reinserta la olla.

Presiona **Sauté-normal/medium (Saltear-normal/medio)** en la Instant Pot. Agrega el puré de jitomate y chipotle y cocínalo, moviendo ocasionalmente y raspando cualquier parte dorada que se adhiera al fondo de la olla, por alrededor de 3 minutos hasta que se espese. Regresa el tocino con cebolla y la carne a la olla. Añade el epazote, la cerveza y el caldo, y revuelve.

Asegura la tapa y establece la liberación de presión en **Sealing (Sellar)**. Presiona **Meat/Stew (Carne/Estofado)** y fija el tiempo de cocción en 25 minutos.

Cuando termine el programa de cocción, presiona **Cancel**. Realiza una liberación rápida de presión moviendo la perilla de liberación a **Venting (Ventilar)**. Abre la olla y, con ayuda de una cuchara con ranuras, pasa la carne a un tazón. Cúbrelo con papel de

CONTINUADO

**PARA SERVIR**

Pico de gallo (página 139)

Queso Cotija, rallado

Cebolla morada, picada, o cebollitas de cambray (cebolletas o cebollín), rebanadas finamente, solo la parte verde

Aguacate, picado

Cilantro fresco, picado

Tortillas, calientes

aluminio para mantener la carne caliente. Con una cuchara, retira el exceso de grasa que se haya acumulado en la superficie del líquido de la cocción, y deséchalo.

Presiona **Sauté-high** en la Instant Pot. Agrega las verduras y cocínalas, moviendo ocasionalmente, hasta que el líquido se espese y puedas introducir un cuchillo en las verduras sin sentir resistencia.

Regresa la carne a la olla y agrega los jugos que se hayan acumulado en el plato. Revuelve. Cocínala durante alrededor de 1 minuto y presiona **Cancel**. Prueba y rectifica la sazón con sal y pimienta, si es necesario. Sirve el estofado con Pico de gallo, queso Cotija, cebolla picada, aguacate, cilantro y tortillas.

NOTA  Puedes agregar elote (maíz o choclo) al estofado. Corta una mazorca en 4 partes y agrégala con las demás verduras.

Si prefieres que el líquido de la cocción esté un poco más espeso, mezcla en un tazón 1 cucharada de almidón de maíz (fécula de maíz o polenta) con 2 cucharadas de agua o cerveza, y agrégalo al líquido de la cocción cuando las verduras estén casi listas. Déjalo hervir y cocínalo, moviendo constantemente por alrededor de 2 minutos, hasta que el líquido se espese por completo.

Para un estofado más picante, agrega chiles chipotle en adobo, picados finamente justo antes de servir.

# ESTOFADO DE RES Y CHILE VERDE, CON PAPAS

Este platillo casero, que se sirve en tazón, es la mejor comida casera del norte de México y tiene un picor suave adictivo. La carne sale de la Instant Pot jugosa y suave en solo 25 minutos, un tercio del tiempo que tomaría cocerla en la estufa. Asar los chiles no es un paso esencial, pero añade un delicioso sabor ahumado al guisado. Cuando están en temporada, los chiles verdes de Nuevo México (Hatch) son un sustituto excelente para los chiles poblanos más comunes.

Presiona **Sauté-high (Saltear-alto)** en la Instant Pot y calienta el aceite. Aunque tengas que hacerlo en partes, acomoda la carne en una sola capa y cocínala durante alrededor de 2 minutos por cada lado, hasta que esté dorada por todas partes. Sazónala con sal mientras la cocinas y pásala a un plato grande. Agrega la cebolla, el ajo, ⅓ del chile poblano, el jalapeño y los jitomates. Cocínalos, moviendo ocasionalmente por alrededor de 5 minutos, hasta que la cebolla se suavice, y raspa cualquier parte dorada que se adhiera al fondo de la olla. Incorpora el comino, el orégano, la pimienta y el laurel, y cocina, moviendo por alrededor de 1 minuto. Regresa la carne a la olla, agrega las papas y el caldo, y revuelve. Presiona **Cancel (Cancelar)**.

Asegura la tapa y establece la liberación de presión en **Sealing (Sellar)**. Presiona **Pressure Cook (Cocción a presión)** y fija el tiempo de cocción en 25 minutos.

Cuando termine el programa de cocción, presiona **Cancel (Cancelar)**. Realiza una liberación rápida de presión moviendo la perilla de liberación a **Venting (Ventilar)**. Abre la olla y agrega el resto del chile poblano. Prueba y rectifica la sazón con sal y pimienta, si es necesario. Sirve el estofado con crema agria y cebollitas de cambray encima, y acompaña con tortillas calientes.

**NOTA** Para un estofado más suave, sustituye los chiles poblanos por chiles Anaheim (chilacas) y omite el jalapeño. Para una versión más picante, agrega 1 ó 2 jalapeños más.

## Rinde 4 porciones

2 cucharadas de aceite vegetal, o manteca fresca (página 10)

2½ libras de aguja de res (*chuck roast*), sin hueso, sin grasa y cortada en trozos de 1 pulgada

2 cucharaditas de sal *kosher*

1 cebolla blanca o amarilla grande, cortada en trozos de 1 pulgada

3 dientes de ajo grandes, picados finamente

3 chiles poblanos asados (página 6), desvenados, pelados y cortados en trozos de 1 pulgada

1 chile jalapeño, sin tallo, desvenado y picado finamente

2 jitomates *saladette* (tomates Roma o guaje), sin centro, sin semillas y picados, o 1 lata de 14½ onzas de jitomates asados, picados y colados

2 cucharaditas de comino molido

1 cucharadita de orégano mexicano seco

1 cucharadita de pimienta negra, recién molida

1 hoja de laurel

12 onzas de papas rojas, cortadas en trozos de 1 pulgada

1¼ tazas de caldo de res

Crema agria, para decorar

Cebollitas de cambray (cebolletas o cebollín), rebanadas finamente, solo la parte verde, o cebolla blanca, picada, para decorar

Tortillas, calientes, para acompañar

# TAMALES

A quienes nos gustan los tamales, no nos gusta el trabajo de cocinarlos ni ver con impaciencia cómo perdemos un par de horas en hacerlos. Esta receta rápida te ofrece tamales perfectamente cocidos en menos de 1 hora y no tendrás que preocuparte por añadir agua durante la cocción.

Los tamales bien valen el trabajo y el tiempo que toma su preparación. Yo prefiero usar harina de nixtamal seca como Maseca, por ejemplo, para hacerlos. La mayoría de las masas preparadas para tamales que venden en las tiendas de productos mexicanos ya están sazonadas y yo prefiero hacerlo por mi cuenta.

Debes sazonar la masa con sal hasta que sepa bien; no tengas miedo de probar un poco. Debe estar esponjosa y un poco húmeda; con una consistencia similar al betún para cubrir las tortas. Asegúrate de que tanto la grasa vegetal, o la manteca de cerdo (puerco o chancho), si la usas, como el caldo estén bien fríos. Y, lo más importante, asegúrate de que el relleno esté jugoso y tenga mucho sabor, pero que no gotee, pues evitaría que la masa se cociera.

Puedes rellenar los tamales con cualquier combinación de sabores que sea de tu agrado. Te comparto algunos de los rellenos más tradicionales pero, cuando hayas preparado tamales varias veces y domines la técnica, ¡no tengas miedo de ir por otro camino y crear tus propias combinaciones únicas!

Puedes envolver los tamales en hojas de maíz o de plátano (banana). Estas últimas añaden un sabor sutil y dramatismo, por su tamaño y color. Ambos tipos de hojas están disponibles en tiendas bien surtidas de productos mexicanos. También puedes encontrar hojas de plátano en tiendas de productos orientales.

Los tamales se sentirán un poco suaves cuando salgan de la Instant Pot, pero no te preocupes, adquirirán firmeza. Es poco probable, pero posible, que al día siguiente estén un poco secos, así que ofrece más salsa cuando los sirvas.

# TAMALES BÁSICOS

Rinde 24 tamales
de 5 pulgadas

**3 tazas de harina de maíz, marca Maseca**

**2 cucharaditas de polvo para hornear**

**1½ cucharaditas de sal *kosher***

**2 tazas de agua caliente, más la necesaria**

**¾ de taza de grasa vegetal, fría**

**½ taza de manteca fresca (página 10), fría**

**1 taza de caldo de pollo, comercial o casero, frío**

**36 hojas grandes de maíz, remojadas, escurridas (ver Cómo preparar las hojas de maíz secas, página 97), o alrededor de 30 cuadrados de hojas de plátano (banana), de 10 pulgadas (ver Cómo preparar las hojas de plátano, página 97)**

**2 tazas del relleno de tu elección, más salsa para servir (ver Rellenos tradicionales para tamales, página 97, para obtener ideas)**

**Guarniciones de tu elección (ver En la mesa, página 119), para acompañar**

1. En un tazón grande, mezcla la harina de maíz, el polvo para hornear y la sal. Agrega el agua y, con una cuchara de madera, revuelve hasta que se forme la masa. Debe ser suave y maleable, pero no muy mojada; si está demasiado seca, añade más agua, 1 cucharada a la vez, hasta obtener la consistencia adecuada.

2. En el tazón de una batidora con aspas, o en un tazón grande, con ayuda de una batidora de mano, bate la grasa vegetal y la manteca a velocidad media durante alrededor de 5 minutos, hasta que la mezcla esté esponjosa y ligera. Con la batidora encendida a baja velocidad, agrega la masa, ¼ de taza a la vez, batiendo bien cada porción y alternando con ¼ de taza de caldo, aproximadamente. Raspa los costados del tazón, si es necesario. Después de que hayas añadido toda la masa y el caldo, sigue batiendo a velocidad media por cerca de 1 minuto, hasta que la mezcla esté perfectamente suave. Prueba una pequeña cantidad para calcular la sal; debe tener sabor, pero sin estar salada. Bate para incorporar más sal, si es necesaria.

3. Si usas hojas de maíz, coloca una toalla de cocina ligeramente húmeda sobre tu superficie de trabajo. Coloca una hoja de maíz sobre la toalla con el extremo estrecho lejos de ti (usa las hojas más grandes primero, pero puedes apilar las más pequeñas conforme sea necesario). Con una cuchara, extiende alrededor de ¼ de taza de masa sobre el centro de la hoja, dejando un margen de 2 pulgadas arriba y abajo, y un margen de 1 pulgada a cada lado. Pon 2 cucharadas de relleno en el centro. Dobla los costados de la hoja sobre el relleno, luego dobla la parte de abajo, pero no muy apretado; puedes doblar la parte de arriba, o dejarla abierta. Átalo holgadamente con las tiras de hoja de maíz. Forma más tamales de la misma manera, hasta que hayas utilizado toda la masa y el relleno.

4. Si usas hojas de plátano, coloca una toalla de cocina ligeramente húmeda sobre tu superficie de trabajo y pon un cuadrado de hoja de plátano encima. Con una cucharita, extiende alrededor de ⅓ de taza de masa sobre el centro de la hoja, dejando un margen de 2 pulgadas por cada lado. Pon 2 cucharadas de relleno

en el centro. Dobla primero los costados sobre el relleno. Debe quedar de 1 pulgada de grosor, aproximadamente, cuando esté doblado. Luego dobla la parte superior e inferior para formar un rectángulo. Átalo con una tira de hoja de plátano.

5. Vierte 1½ tazas de agua en la Instant Pot e introduce la rejilla de asas largas. Coloca una capa de hojas de maíz o de plátano sobre la rejilla. Acomoda los tamales encima, parándolos sobre la punta, con la abertura hacia arriba si doblaste los tamales solo por tres lados. (Tal vez necesites hacerlo en dos partes, si los tamales son gordos). Deben estar juntos, pero no apretados. Puedes acomodar algunos tamales horizontales, uno sobre otro, teniendo cuidado de no bloquear la ventilación o la válvula de la tapa. Repite con la otra porción de tamales.

6. Asegura la tapa y establece la liberación de presión en **Sealing (Sellar)**. Presiona **Pressure Cook (Cocción a presión)** y fija el tiempo de cocción en 45 minutos.

7. Cuando termine el programa de cocción, presiona **Cancel (Cancelar)**. Realiza una liberación rápida de presión moviendo la perilla de liberación a **Venting (Ventilar)**. Abre la olla y, con ayuda de unas pinzas, saca un tamal del centro de la olla. Ábrelo con cuidado; la masa debe estar suave, pero si la hoja se desprende fácilmente, los tamales están listos. Si no, regresa el tamal a la olla, asegura la tapa una vez más y establece la liberación de presión en Sealing. Presiona **Pressure Cook** y fija el tiempo de cocción en 10 minutos. Cuando termine el programa de cocción, presiona **Cancel (Cancelar)**. Realiza una liberación rápida de presión moviendo la perilla de liberación a **Venting**. Abre la olla y déjala reposar 10 minutos, parcialmente tapada.

8. Con unas pinzas, saca los tamales que vayas a servir. Para mantener el resto caliente, coloca la tapa, pero no la asegures. Sirve los tamales acompañados de las guarniciones y la salsa de tu elección (teniendo en cuenta el relleno).

# TAMALES DE FRIJOLES NEGROS PICANTES

Rinde 25 tamales de 5 pulgadas, aproximadamente

## RELLENO

**3 tazas de Frijoles (habichuelas, porotos, caraotas) negros básicos (ver Nota, página 23), más 1 taza del líquido de su cocción**

**2 cucharadas de aceite vegetal**

**¼ de cebolla blanca, picada finamente**

**3 dientes de ajo, picados finamente**

**10 hojas de epazote frescas, picadas, o ¼ de cucharadita de orégano mexicano seco**

**½ cucharadita de hojuelas de chile de árbol, o 1 chile chipotle en adobo, picado finamente**

**Hojas de ½ manojo de cilantro, picadas**

**½ cucharadita de sal *kosher*, a gusto**

## MASA

**2 tazas de harina de maíz, marca Maseca**

**1 cucharadita de polvo para hornear**

**1 cucharadita de sal *kosher***

**1⅓ tazas de Salsa roja (página 141)**

**¾ de taza de grasa vegetal, fría**

**1 taza de agua fría, o caldo de verduras, frío**

**36 hojas grandes de maíz, remojadas y escurridas (ver la página opuesta para indicaciones de preparación), o alrededor de 30 cuadrados de hojas de plátano (banana), de 10 pulgadas (ver Cómo preparar las hojas de plátano, página 97)**

Para preparar el relleno, licua los frijoles negros y su líquido, hasta obtener una consistencia suave.

Presiona **Sauté-normal/medium (Saltear-normal/medio)** en la Instant Pot y calienta el aceite. Agrega la cebolla, el ajo, el epazote y las hojuelas de chile de árbol, y cocínalos, moviendo ocasionalmente por alrededor de 5 minutos, hasta que la cebolla se transparente. Agrega los frijoles licuados y el cilantro, y cocínalos, moviendo ocasionalmente, unos 20 minutos, hasta que se espese mucho. Llegado este punto, mueve con más frecuencia y raspa los costados y el fondo de la olla. Presiona **Cancel (Cancelar)**. Prueba y rectifica la sazón con sal, si es necesario; la mezcla debe estar bien sazonada. Pásala a un tazón y reserva.

Para preparar la masa, mezcla en un tazón la harina de maíz, el polvo para hornear y la sal. Agrega la salsa y, con una cuchara de madera, revuelve hasta que se forme la masa. Debe esta ser suave y maleable, pero no muy mojada; si está demasiado seca, añade más agua, 1 cucharada a la vez, hasta obtener la consistencia adecuada.

Sigue las instrucciones del paso 2 de los tamales básicos para formar la masa en una licuadora, o batidora de mano, usando la manteca fría y el agua.

Si usas hojas de maíz, sigue las instrucciones del paso 3 de los tamales básicos, para formarlos.

Si usas hojas de plátano, sigue las instrucciones del paso 4 de los tamales básicos, para formarlos.

Cuece los tamales siguiendo las instrucciones de los tamales básicos, reduciendo el tiempo de cocción en **Pressure Cook (Cocción a presión)** a 40 minutos.

Sirve los tamales calientes con las guarniciones de tu elección y Salsa de chile habanero.

# RELLENOS TRADICIONALES
# PARA TAMALES

Considera que los rellenos para tamal deben tener mucho sabor y ser jugosos, sin gotear. No te limites con la sal y la pimienta; el relleno debe estar bien sazonado. Cada uno de los siguientes rellenos rinde 2 tazas, lo suficiente para preparar una porción completa de tamales básicos (página 94).

- **Relleno de carne de res:** En una sartén, cocina a fuego medio-alto 2 tazas de carne de res deshebrada de la preparación de Caldo de carne de res deshebrada Uno-Dos-Tres (página 156), y ¾ de taza de Salsa roja (página 141), hasta que se haya evaporado casi todo el líquido, pero la mezcla siga húmeda. Sazona al gusto. Sirve más Salsa roja para acompañar los tamales.
- **Relleno de pollo:** En una sartén, cocina a fuego medio-alto 2 tazas de pollo deshebrado de la preparación de Caldo de pollo deshebrado Uno-Dos-Tres (página 154), y ¾ de Salsa verde (página 140), hasta que se haya evaporado casi todo el líquido, pero la mezcla siga húmeda. Sazona al gusto. Sirve más Salsa verde para acompañar los tamales.
- **Carnitas:** En una sartén a fuego medio-alto, cocina 2 tazas de Carnitas (página 73) y ¾ de Salsa verde (página 140), hasta que se haya evaporado casi todo el líquido, pero la mezcla siga húmeda. Sazona al gusto. Sirve más Salsa verde para acompañar los tamales.
- **Relleno de elote, chile y queso:** En un tazón, mezcla 1 taza de granos de elote (maíz o choclo), cortados de 2 mazorcas medianas asadas; 1 taza de queso Oaxaca, deshebrado, y 3 chiles poblanos asados (página 6), desvenados, pelados y cortados en julianas. Sazona al gusto. Sirve Salsa verde (página 140) y Salsa de chile habanero (página 144) para acompañar los tamales.

## CÓMO PREPARAR LAS HOJAS DE MAÍZ SECAS

Separa las hojas y remójalas en agua caliente, hasta que se suavicen. Escúrrelas. Corta tiras largas de los bordes, de ½ pulgada de grosor, aproximadamente, para atarlas, o amarra tiras cortas para hacer una larga.

## CÓMO PREPARAR LAS HOJAS DE PLÁTANO

Si las hojas están congeladas, descongélalas a temperatura ambiente antes de utilizarlas. Con tijeras de cocina, corta y desecha cualquier hebra dura de los bordes o el centro de la hoja. Límpialas con toallas de papel y córtalas en cuadrados de 10 pulgadas. Suaviza los cuadrados, pasando rápidamente ambos lados de la hoja sobre un quemador de gas encendido, o presionando cada lado brevemente contra la superficie de una sartén grande, a fuego alto. Apila las hojas suaves hasta que estén listas para usarse.

# capítulo 4

# PLATOS VEGETARIANOS

# MACARRONES CON QUESO Y CHILE VERDE

**Rinde 4–6 porciones**

2 cucharadas de mantequilla

1 cebolla blanca pequeña, picada

6 dientes de ajo, picados finamente (2 cucharadas)

1 chile jalapeño, sin tallo y picado finamente (con semillas)

2 tazas de caldo de verduras o de pollo

2 tazas de crema espesa

5 cucharaditas de sal *kosher*

1 cucharada de pimienta negra, recién molida

1 libra de macarrones grandes (pasta de codito)

½ taza de crema mexicana o crema agria

2 tazas de queso cheddar suave, rallado

1 taza de queso Monterey Jack, normal o con chile (Pepper Jack), rallado

2 chiles poblanos asados (página 6), desvenados, pelados y cortados en cubos de 1 pulgada

Cebollitas de cambray (cebolletas o cebollín), rebanadas finamente, solo la parte verde, u hojas de cilantro frescas, picadas, para decorar

La pasta se cuece perfectamente en la Instant Pot, de principio a fin. Esta receta de macarrones con queso estilo sureño tendrá un sabor delicioso y cremoso, nada aburrido. Y estará lista en 15 minutos, aproximadamente. Agrega más jalapeños para aumentar el picor, o usa chiles Anaheim (chilacas) para un sabor más suave.

---

Presiona **Sauté-normal/medium (Saltear-normal/medio)** en la Instant Pot y derrite la mantequilla. Agrega la cebolla, el ajo y el jalapeño, y cocínalos, moviendo ocasionalmente por alrededor de 3 minutos, hasta que se suavicen, pero sin dorarlos. Presiona **Cancel (Cancelar)**. Agrega el caldo, la crema, la sal, la pimienta y los macarrones, y revuelve para integrar.

Asegura la tapa y establece la liberación de presión en **Sealing (Sellar)**. Presiona **Pressure Cook (Cocción a presión)** y fija el tiempo de cocción en 8 minutos.

Cuando termine el programa de cocción, presiona **Cancel**. Realiza una liberación rápida de presión moviendo la perilla de liberación a **Venting (Ventilar)**. Abre la olla y agrega la crema, el queso cheddar y el queso Monterey Jack, y revuelve hasta que se derritan. Añade los chiles poblanos y coloca de nuevo la tapa, pero sin asegurarla. Deja reposar los macarrones durante 2 minutos. Prueba y rectifica la sazón con sal y pimienta, si es necesario.

Sirve de inmediato, decorando con cebollitas de cambray.

NOTA   Para servir, decora los macarrones con queso con chips de tortilla, troceados, o 6 onzas de chorizo mexicano, sin tripa, cocido en una sartén y desmoronado.

Para darle más sabor a queso salado, añade ½ taza de queso Cotija, rallado.

### VARIACIÓN

Para preparar macarrones con queso al chipotle, sustituye los chiles poblanos por ¼ de taza de chiles chipotle en adobo, picados finamente.

# QUESO FUNDIDO ESTILO TEXANO

Nunca me metería con un platillo icónico texano, así que ofrezco dos versiones, una con queso cheddar rallado y queso Monterey Jack, y otra con queso americano (ver Variación). En ambas, el queso se sirve derretido y caliente, perfecto para comerlo con totopos o tortillas. Quienes las han probado han disfrutado de ambas versiones por igual.

Presiona **Sauté-normal/medium (Saltear-normal/medio)** en la Instant Pot y calienta el aceite. Agrega la cebolla, el ajo, los chiles serranos, el comino y la pimienta, y cocínalos, moviendo constantemente por alrededor de 1 minuto, hasta que se suavicen ligeramente. Agrega el caldo y la harina, y revuelve para incorporar. Presiona **Cancel (Cancelar)**. Agrega el queso crema, el queso cheddar, el queso Monterey Jack y el jitomate, y revuelve hasta que se derritan.

Asegura la tapa y establece la liberación de presión en **Sealing (Sellar)**. Presiona **Pressure Cook (Cocción a presión)** y fija el tiempo de cocción en 1 minuto.

Cuando termine el programa de cocción, presiona **Cancel**. Realiza una liberación rápida de presión moviendo la perilla de liberación a **Venting (Ventilar)**. Abre la olla y bate el queso hasta que esté suave. Presiona **Keep Warm (Calentar)** y sirve directamente de la Instant Pot, o pasa el queso a un tazón para servir. Acompaña con tostadas y tortillas de harina.

**Rinde 4–6 porciones**

2 cucharadas de aceite vegetal

½ cebolla blanca pequeña, picada finamente, o 4 cebollitas de cambray (cebolletas o cebollín), picadas finamente

2 dientes de ajo grandes, picados finamente

2 chiles serranos sin tallo, picados finamente (con semillas)

1 cucharadita de comino molido

1 cucharadita de pimienta negra, recién molida

1 taza de caldo de verduras o de pollo

1 cucharada de harina de trigo

½ taza de queso crema, cortado en cubos

2 tazas compactas de queso cheddar amarillo suave, rallado

1 taza compacta de queso Monterey Jack, rallado

1 jitomate *saladette* (tomate Roma o guaje), sin centro, sin semillas y picado

Tostadas o totopos (chips de tortilla), para acompañar

Tortillas de harina, calientes, para acompañar

CONTINUADO

### VARIACIÓN

Para preparar queso fundido texano con queso americano, reduce la cantidad de caldo a ½ taza, omite la harina y sustituye los quesos cheddar y Monterey Jack por 1 libra de queso americano procesado, cortado en cubos de ½ pulgada.

Para preparar queso fundido con chorizo, asa 6 onzas de chorizo mexicano, sin tripa, en una sartén a fuego medio, durante alrededor de 5 minutos, hasta que se dore. Justo antes de servir, esparce el chorizo cocido sobre el queso y decora con 1 cebollita de cambray rebanada finamente, solo la parte verde.

Para preparar nachos, apila totopos en un platón resistente al calor. Cúbrelos con cucharadas de queso fundido, jitomate picado, rebanadas de jalapeños encurtidos (página 8) y todo lo que gustes: chorizo cocido y desmoronado, cerdo (puerco o chancho) deshebrado, cebolla blanca picada, hojas de cilantro picadas. . . Termina con más queso fundido y calienta un poco bajo la salamandra o asador.

# ESQUITES

Preparar este clásico de la comida callejera mexicana—granos de elote cocidos con mantequilla y chile—toma solo un momento en la Instant Pot. La cocción rápida hace que los granos de elote conserven todo su sabor. La mitad del truco de los esquites consiste en la salsa y el queso, así que no te limites. Son una buena guarnición, pero también me gusta agregarlos a los tacos o al guacamole.

---

En la Instant Pot, mezcla los granos de elote, el caldo, el vino, la mantequilla y la sal. Asegura la tapa y establece la liberación de presión en **Sealing (Sellar)**. Presiona **Pressure Cook (Cocción a presión)** y fija el tiempo de cocción en 4 minutos.

Cuando termine el programa de cocción, presiona **Cancel (Cancelar)**. Realiza una liberación rápida de presión moviendo la perilla de liberación a **Venting (Ventilar)**. Abre la olla y presiona **Sauté-normal/medium (Saltear-normal/medio)**. Cocina, moviendo ocasionalmente durante 5 a 7 minutos, hasta que se evapore la mayoría del líquido. Presiona **Cancel**.

Incorpora la salsa de chipotle, el jugo de limón y ¼ de taza de queso Cotija. Prueba y rectifica la sazón con sal, si es necesario. Pon los esquites en un tazón para servir y esparce encima el resto del queso Cotija, la cebollita de cambray y el chile en polvo. Sirve acompañado de cuartos de limón.

**Rinde 4 porciones**

3½ tazas de granos de elote (maíz o choclo), frescos (cortados de 4 mazorcas) o descongelados

½ taza de caldo de verduras o de pollo

½ taza de vino blanco

4 cucharadas de mantequilla

¼ de cucharadita de sal *kosher*

2 cucharadas de Salsa de chipotle y ajo (página 153)

1 cucharada de jugo de limón, recién exprimido, más cuartos de limón, para acompañar

⅓ de taza de queso Cotija, rallado

1 cebollita de cambray (cebolleta o cebollín), rebanada finamente, solo la parte verde, para decorar

½ cucharadita de chile guajillo en polvo, o chile chipotle en polvo, para decorar

# CHILES RELLENOS DE ARROZ EN SALSA DE TOMATE PICANTE

**Rinde 4 porciones**

**CHILES RELLENOS**

8 chiles poblanos

2 tazas de queso Monterey Jack, rallado

1 taza de queso cheddar amarillo suave, rallado

3 tazas de arroz cocido, tipo Arroz verde (página 131) (preparado con caldo de verduras, si lo deseas)

Hojas de ½ manojo de cilantro, picadas

**SALSA DE TOMATE PICANTE**

4 jitomates *saladette* (tomates Roma o guaje), sin centro y cortados en cuartos

4 tomates verdes (tomatillos o tomates de fresadilla), sin cáscara y cortados en cuartos

¼ de taza de cebolla blanca, picada

2 dientes de ajo grandes, rebanados

½ taza de agua

1½ cucharaditas de sal *kosher*

¼ de cucharadita de orégano mexicano seco

3 chiles chipotle en adobo

1 cucharada de aceite de oliva

4 cucharadas de mantequilla

2 cucharadas de hojas de cilantro frescas, picadas

En este entrante vegetariano, el picor moderado del chile se equilibra con el arroz, el queso y mucho cilantro. Puedes sustituir los chiles poblanos por chiles Anaheim (chilacas), que son más suaves, y reducir el sabor de la salsa agregando menos chipotles. La salsa de tomate picante, llamada salsa diabla, también es magnífica con verduras asadas o a la parrilla. Esta receta es rápida, pero necesitarás tener a mano 3 tazas de arroz cocido.

---

Para preparar los chiles rellenos, quema ligeramente los chiles poblanos por todos lados, cuidando no cocinarlos de más; es más fácil manipularlos cuando se cuecen un poco. (Ver las instrucciones de asado en la página 6). Envuelve los chiles quemados en toallas de papel y déjalos reposar hasta que se enfríen lo suficiente para manipularlos. Deja el tallo, pero pela la piel. Con un cuchillo de hoja corta, abre cada chile de un lado, desde el tallo hacia la punta. Saca cuidadosamente las venas y las semillas.

En un recipiente, mezcla los quesos Monterey Jack y cheddar. Pon 2 tazas de la mezcla de quesos en otro recipiente y agrega el arroz y el cilantro. Reserva la taza restante de mezcla de queso para decorar.

Con una cuchara, rellena los chiles con la mezcla de arroz, compactando el relleno firmemente. (Puedes guardar los chiles en el refrigerador en un contenedor hermético de un día para otro, no más).

Precalienta el horno a 350° F.

Para preparar la salsa, mezcla los jitomates, los tomates verdes, la cebolla, el ajo, el agua, la sal y el orégano en la Instant Pot. Asegura la tapa y establece la liberación de presión en **Sealing (Sellar)**. Presiona **Pressure Cook (Cocción a presión)** y fija el tiempo de cocción en 2 minutos.

Cuando termine el programa de cocción, presiona **Cancel (Cancelar)**. Realiza una liberación rápida de presión moviendo la perilla de liberación a **Venting (Ventilar)**. Abre la olla y, usando guantes para horno, saca la olla interna de la Instant Pot.

CONTINUADO

Coloca un colador de metal sobre un tazón y vierte el contenido de la olla. Pasa los sólidos del colador a la licuadora y agrega ½ taza del líquido colado; desecha el resto. Agrega los chiles chipotle a la licuadora y muélelos hasta obtener una consistencia suave, raspando los costados de la licuadora si es necesario.

Enjuaga la olla, sécala y reinsértala en la Instant Pot. Presiona **Sauté-normal/medium (Saltear-normal/medio)** y agrega el aceite y el puré de chipotle. Cocínalo, moviendo ocasionalmente durante 5 a 7 minutos, hasta que se espese. Presiona **Cancel** e incorpora la mantequilla y el cilantro. Prueba y rectifica la sazón con sal, si es necesario.

Vierte la salsa en un molde para hornear de 9 × 13 pulgadas y acomoda los chiles encima, en una sola capa, con la abertura hacia arriba. Esparce el resto de la mezcla de queso y hornéalos por alrededor de 5 minutos, hasta que el queso se derrita y burbujee.

Sirve de inmediato.

### VARIACIÓN

Para preparar chiles rellenos de pollo y arroz en salsa de tomate picante, reduce la cantidad de arroz a 1 taza y agrega 2 tazas de pollo deshebrado de la preparación de caldo y pollo deshebrado Uno-Dos-Tres (página 154).

Para preparar chiles rellenos de arroz en salsa verde, sustituye la salsa de tomate picante por 1½ tazas de Salsa verde (página 140), y rocía un poco de crema agria encima después de hornear.

# PAPAS CON CREMA Y CHILE

El distintivo sabor de las rajas de chiles poblanos asados y la crema complementa el sabor a mantequilla de las pequeñas papas. Este platillo es una guarnición maravillosa para una ocasión especial. También puedes usarlo para aderezar un sencillo pollo rostizado o unas verduras al horno. La Instant Pot hace una labor triple: después de que las papas se cuecen en la olla, salteas los ingredientes para preparar la salsa cremosa, la reduces y la haces puré. Y todo se incorpora con un rápido hervor.

En la Instant Pot, revuelve las papas, el caldo, el vino y la sal. Asegura la tapa y establece la liberación de presión en **Sealing (Sellar)**. Presiona **Pressure Cook (Cocción a presión)** y fija el tiempo de cocción en 8 minutos.

Cuando termine el programa de cocción, presiona **Cancel (Cancelar)**. Realiza una liberación rápida de presión moviendo la perilla de liberación a **Venting (Ventilar)**. Abre la olla y déjala reposar durante 2 minutos, para que se enfríe ligeramente.

Coloca un colador en un tazón. Usando guantes para horno, saca la olla interna de la Instant Pot y cuela el contenido. Cubre las papas con papel de aluminio para mantenerlas calientes y reserva el líquido de la cocción.

Limpia la olla interna y reinsértala en la Instant Pot. Presiona **Sauté-low (Saltear-Bajo)** y derrite la mantequilla. Agrega la cebolla, el ajo y los chiles poblanos, y cocínalos, moviendo ocasionalmente por alrededor de 5 minutos, hasta que se suavicen. Vierte el líquido reservado de la cocción en la olla y presiona **Cancel**. Presiona **Sauté-high (Saltear-alto)**. Espera a que hierva y cocina, moviendo ocasionalmente durante 10 minutos, hasta que se haya evaporado casi todo el líquido.

Agrega la crema y, con la licuadora de inmersión, licúa el contenido directamente en la olla hasta obtener una consistencia suave. Incorpora la pimienta. Regresa las papas a la olla, agrega el chile Anaheim y revuelve, para incorporar. Cocina, moviendo ocasionalmente por alrededor de 10 minutos, hasta que se espese. Presiona **Cancel (Cancelar)**. Prueba y rectifica la sazón con sal y pimienta, si es necesario.

Pon las papas en un recipiente para servir, esparce Cotija y cebollitas de cambray (si las usas) encima, y sirve caliente.

## Rinde 4–6 porciones

2 libras de papas de alevines o *ratte* (alargadas), o papas cambray, con cáscara

1 taza de caldo de verduras o de pollo

1 taza de vino blanco

1 cucharadita de sal *kosher*

4 cucharadas de mantequilla

½ cebolla blanca pequeña, picada finamente

2 dientes de ajo grandes, picados finamente

3 chiles poblanos asados (página 6), desvenados, pelados y picados

1 taza de crema espesa, crema mexicana o crema agria

1 cucharadita de pimienta negra, recién molida

1 chile Anaheim (chilaca) asado (página 6), desvenado, pelado y cortado finamente en julianas

⅓ de taza de queso Cotija, rallado

2 cebollitas de cambray (cebolletas o cebollín), rebanadas finamente, solo la parte verde (opcional)

### VARIACIÓN

Para preparar papas con crema y chipotle, sustituye los chiles poblanos por ⅓ de taza de chiles chipotle en adobo.

# "QUESOTACOS" DE HONGOS CON EPAZOTE

**Rinde 4–6 porciones**

**RELLENO DE HONGOS**

3 cucharadas de aceite de oliva

1 cebolla blancas grande, cortada en dados de 1 pulgada (2 tazas)

9 dientes de ajo, picados finamente (3 cucharadas)

½ taza de agua

2 cucharaditas de sal *kosher*

2 hongos *portobello* grandes, cortados en trozos de 1 pulgada

8 onzas de hongos *cremini*, cortados en cuartos

8 onzas de champiñones, cortados en cuartos

¼ de taza de epazote fresco, cortado en julianas, u hojas de cilantro frescas picadas

½ cucharadita de pimienta negra, recién molida

⅛ de cucharadita de hojuelas de chile de árbol

2 chiles poblanos asados (página 6), desvenados, pelados y cortados en trozos de ½ pulgada

Aceite vegetal, para dorar las tortillas

12 tortillas de maíz

1½ tazas de queso Monterey Jack, rallado

1¼ tazas de queso Cotija, rallado

Salsa de aguacate y tomate verde (tomatillo o tomate de fresadilla) (página 150), para acompañar

Cilantro fresco, picado, para decorar

El sabor intenso de este relleno de hongos se debe a que los hongos se cocinan en su jugo con chiles poblanos ahumados y hierbas aromáticas. Usa el mismo relleno en las Enchiladas de hongos con salsa de queso y chipotle (página 59), o pruébalo en un burrito (página 117) o un tamal (página 93). Asegúrate de tostar las tortillas en la parrilla hasta que estén ligeramente doradas, pero suaves. El "quesotaco" es la estrella de la comida callejera, y se prepara asando una capa de queso en la parrilla y sirviéndolo en una tortilla para envolver el relleno delicioso del taco.

Para preparar el relleno, presiona **Sauté-normal/medium (Saltear-normal/medio)** en la Instant Pot y calienta el aceite. Agrega las cebollas y cocina, moviendo ocasionalmente por alrededor de 5 minutos, hasta que se doren. Añade el ajo y cocina, moviendo, durante alrededor de 1 minuto. Agrega el agua, la sal, los hongos *portobello*, *cremini* y champiñones, e incorpora al final el epazote. Presiona **Cancel (Cancelar)**.

Asegura la tapa y establece la liberación de presión en **Sealing (Sellar)**. Presiona **Meat/Stew (Carne/Estofado)** y fija el tiempo de cocción en 1 minuto.

Cuando termine el programa de cocción, presiona **Cancel**. Realiza una liberación rápida de presión moviendo la perilla de liberación a **Venting (Ventilar)**.

Coloca un colador en un tazón. Usando guantes para horno, saca la olla interna de la Instant Pot y cuela el contenido. Reinserta la olla interna y regresa el líquido de la cocción a la olla. Presiona **Sauté-high (Saltear-alto)**, espera a que hierva y cocina entre 10 y 15 minutos, hasta que esté muy espeso, casi acaramelado. Regresa la mezcla de hongos a la olla e incorpora la pimienta negra, las hojuelas de chile de árbol y los chiles poblanos. Cocina, moviendo ocasionalmente por alrededor de 3 minutos, hasta que se caliente. Prueba y rectifica la sazón con sal y pimienta, si es necesario. Presiona **Cancel**.

Calienta una sartén de hierro o una plancha, a fuego medio-alto. Engrasa ligeramente la superficie. Coloca una tortilla en la sartén y tuéstala durante alrededor de 3 minutos, hasta que se dore. Voltéala y cúbrela con 2 cucharadas de queso Monterey Jack y 1 cucharada de queso Cotija. Sigue tostándola 3 minutos más, hasta que se derrita el queso y la tortilla esté dorada, o crujiente, pero flexible. Sirve unas cuantas cucharadas de la mezcla de hongos, 1 cucharadita de salsa de aguacate y tomate verde, 2 cucharaditas de queso Cotija y 1 pizca de cilantro. Sirve de inmediato. Tuesta y sirve las demás tortillas de la misma manera, usando el resto del queso Cotija y Monterey Jack, la mezcla de hongos, la salsa de aguacate y tomate verde, y el cilantro.

## VARIACIÓN

Para preparar "quesotacos" con hongos y granos de elote (maíz o choclo), después de agregar los chiles poblanos añade a la olla 1 taza de granos de elote, cortados de 2 mazorcas asadas.

Para preparar "quesotacos" al revés, sigue la receta, pero usa solamente ¾ de taza del queso Monterey Jack rallado. Calienta una sartén de hierro, o una plancha, a fuego medio-alto y engrasa ligeramente la superficie. Sirve 1 cucharada de cada tipo de queso en un círculo cerrado, en el centro, directamente sobre la sartén. Coloca una tortilla encima y presiona firmemente con una espátula. Cocínala entre 1 y 2 minutos, hasta que el queso se dore. Con una espátula de metal, despega con cuidado el queso de la sartén y voltea la tortilla de modo que el queso dorado quede encima. Pon encima algunas cucharadas de la mezcla de hongos, una cucharadita de salsa de aguacate y tomate verde, 2 cucharadas de queso Cotija y 1 pizca de cilantro. Sirve de inmediato. Tuesta y sirve las demás tortillas de la misma manera, usando el resto del queso Cotija y Monterey Jack, la mezcla de hongos, la salsa de aguacate y tomate verde, y el cilantro.

# PAPAS CON JITOMATES Y JALAPEÑOS

**Rinde 4–6 porciones**

3 jitomates *saladette* (tomates Roma o guaje), sin centro y cortados en trozos grandes

6 dientes de ajo grandes, pelados

2 cucharaditas de sal *kosher*

4 cucharadas de aceite de oliva

½ cucharadita de semillas de comino

½ cebolla blanca, rebanada longitudinalmente

3 chiles jalapeños, sin tallo, desvenados y rebanados

1 cucharada de pasta de tomate

10 hojas de epazote frescas, cortadas en julianas, o ¼ de taza de hojas de cilantro frescas, picadas

1 taza de caldo de verduras o de pollo

2 libras de papas Yukon Gold, peladas, cortadas en trozos de 1½ pulgadas

Con mucho sabor, sin picar tanto, este guisado de verduras se prepara en todo México, a veces como sopa. Las hojas de epazote frescas añaden un sabor único y auténtico (página 12), pero también puedes usar cilantro.

_____

En la licuadora, muele los jitomates, el ajo y la sal hasta obtener una consistencia suave, raspando los costados de la licuadora si es necesario.

Presiona **Sauté-normal/medium (Saltear-normal/medio)** en la Instant Pot y calienta 2 cucharadas de aceite. Agrega las semillas de comino y fríelas, removiendo durante 1 minuto. Agrega la cebolla y los jalapeños, y cocina, moviendo ocasionalmente durante alrededor de 5 minutos, hasta que se suavicen. Pasa la mezcla a un plato.

Vierte el puré de jitomate y ajo a la olla y cocínalo, moviendo ocasionalmente durante 3 a 5 minutos, hasta que el líquido se haya evaporado. Agrega la pasta de tomate y el epazote y cocina, removiendo por alrededor de 1 minuto, hasta que la mezcla esté muy espesa y seca. Presiona **Cancel (Cancelar)**. Añade el caldo y, con una cuchara de madera, raspa cualquier parte dorada que se adhiera al fondo de la olla. Agrega las papas, acomodándolas en una sola capa y esparce la mezcla de cebolla encima.

Asegura la tapa y establece la liberación de presión en **Sealing (Sellar)**. Presiona **Pressure Cook (Cocción a presión)** y fija el tiempo de cocción en 8 minutos. Cuando termine el programa de cocción, presiona **Cancel**. Realiza una liberación rápida de presión moviendo la perilla de liberación a **Venting (Ventilar)**. Abre la olla y déjala reposar durante 10 minutos. Prueba y rectifica la sazón con sal, si es necesario.

Pasa las papas a un tazón para servir y sírvelas calientes o a temperatura ambiente. Rocía encima las 2 cucharadas de aceite restantes.

NOTA   Para disminuir el picor, sustituye los chiles jalapeños por 2 chiles Anaheim (chilacas).

Si lo prefieres, incorpora 1 taza de chícharos descongelados después de abrir la olla.

Sirve el estofado con 1 cucharada de crema agria o un poco de queso Cotija, rallado, encima.

# PLÁTANO MACHO CON CHILES, LIMÓN Y CACAHUATES

Esta receta picante y dulce se convertirá en tu nueva guarnición favorita, ideal para cualquier ocasión. El picor del chile habanero se equilibra con la sal, el azúcar y el jugo de limón, pero puedes sustituirlo por un chile menos picante, como el serrano o jalapeño. Elige plátanos machos que tengan la piel amarilla y estén todavía firmes.

**Rinde 4 porciones**

3 cucharadas de mantequilla

1 diente de ajo grande, picado finamente (1 cucharadita)

1 chile habanero, sin tallo y picado finamente (con semillas)

1–2 cucharadas de piloncillo molido compacto (página 13) o azúcar mascabado (azúcar sin refinar)

Jugo de ½ limón

1½ cucharaditas de sal *kosher*

½ taza de agua o de caldo de verduras

3 plátanos machos (plátanos verdes o bananas grandes), amarillos, grandes, firmes, pelados y cortados en trozos de 2 pulgadas

1 cebollita de cambray (cebolleta o cebollín), rebanada finamente, las partes blanca y verde

⅓ de taza de cacahuates (cacahuetes o maní) con sal, asados y picoteados

Presiona **Sauté-normal/medium (Saltear-normal/medio)** en la Instant Pot y derrite la mantequilla. Agrega el ajo, el chile habanero, el piloncillo (agrégalo al gusto) y el jugo de limón. Cocínalos, moviendo ocasionalmente por alrededor de 1 minuto. Incorpora la sal, el agua y los plátanos machos. Presiona **Cancel (Cancelar)**.

Asegura la tapa y establece la liberación de presión en **Sealing (Sellar)**. Presiona **Pressure Cook (Cocción a presión)** y fija el tiempo de cocción en 2 minutos.

Cuando termine el programa de cocción, presiona **Cancel**. Realiza una liberación rápida de presión moviendo la perilla de liberación a **Venting (Ventilar)**. Abre la olla y presiona **Sauté-high (Saltear-alto)**. Incorpora la cebollita de cambray y espera a que hierva. Cocina, moviendo ocasional y suavemente durante 3 a 5 minutos, hasta que el líquido adquiera la consistencia de un jarabe y los plátanos estén glaseados.

Pásalos a un tazón para servir y decora con los cacahuates. Sírvelos calientes.

# ENSALADA DE NOPALES

**Rinde 4–6 porciones**

1 libra de nopales (página 12)

2 tazas de agua

1 cucharada de sal *kosher*, más 1½ cucharaditas

2 rebanadas de cebolla blanca de ½ pulgada de grosor, más ½ cebolla blanca, cortada en cubos

2 cucharadas de aceite de oliva

1 chile serrano, sin tallo y rebanado finamente

¼ de cucharadita de orégano mexicano seco

1 cucharadita de pimienta negra, recién molida

3 jitomates *saladette* (tomates Roma o guaje), sin centro, sin semillas y cortados en dados de ¾ de pulgada

2 cucharadas de jugo de limón, recién exprimido

¼ de taza de hojas de cilantro frescas, picadas

½ taza de queso fresco o Cotija, desmoronado

### VARIACIÓN

Para preparar una ensalada de nopales con camarones, agrega 4 onzas de camarones congelados pequeños, cocidos. Descongélalos inmediatamente antes de servir.

Es mejor servir esta colorida y saludable ensalada, preparada con las palas tiernas del nopal, caliente o a temperatura ambiente. Los nopales preparados se cocinan rápido y uniformemente en la Instant Pot. Usa después la función **Sauté (Saltear)** para terminar la ensalada dentro de la misma olla. Me gusta usar esta preparación en tacos, con tortillas de maíz calientes.

———————————

Para limpiar los nopales, sostenlos con unas pinzas y corta con cuidado con un cuchillo de cocina los bordes y las pequeñas espinas. Enjuágalos y córtalos en cubos de ¾ de pulgada. Debes tener 4 tazas, aproximadamente.

En la Instant Pot, revuelve los nopales, el agua, 1 cucharada de sal y las rebanadas de cebolla. Asegura la tapa y establece la liberación de presión en **Sealing (Sellar)**. Presiona **Pressure Cook (Cocción a presión)** y fija el tiempo de cocción en 2 minutos.

Cuando termine el programa de cocción, presiona **Cancel (Cancelar)**. Realiza una liberación rápida de presión moviendo la perilla de liberación a **Venting (Ventilar)**.

Coloca un colador en el fregadero y, con guantes para horno, saca la olla interna de la Instant Pot y cuela los nopales. Enjuaga la olla interna, sécala y reinsértala en la Instant Pot. Enjuaga los nopales bajo el chorro de agua y cuélalos de nuevo.

Presiona **Sauté-normal/medium (Saltear-normal/medio)** en la Instant Pot y calienta el aceite. Agrega la cebolla picada, el chile serrano y el orégano, y regresa los nopales a la olla. Agrega las 1½ cucharaditas de sal restante y la pimienta. Cocina, moviendo ocasionalmente por alrededor de 3 minutos, hasta que la cebolla se transparente. Presiona **Cancel**. Prueba y rectifica la sazón con sal y pimienta, si es necesario.

Pasa los nopales a un tazón para servir y agrégales los jitomates, el jugo de limón y el cilantro. Justo antes de servir, agrega el queso. Es mejor servir la ensalada a temperatura ambiente.

# BURRITOS

Los burritos no son auténticamente mexicanos, pero son deliciosos. Sirven de excusa para rellenar una tortilla de harina caliente con nuestros frijoles (habichuelas, porotos o caraotas) y nuestras carnes preferidas, cocinados al estilo mexicano, agregarles queso y salsa, enrollar y disfrutar. Te comparto algunas recetas y variaciones de burritos, pero puedes improvisar y hacer lo que gustes. La clave para un *buen* burrito es asegurarse de que todo lo que se le pone esté caliente y jugoso, tenga mucho sabor y sepa delicioso. (Puedes armar un burrito con ingredientes fríos y calentarlo en el microondas, pero prepararlo fresco y caliente es mucho mejor, ¡en serio!). El índice de rellenos se equilibra muy bien, pero puedes agregar más queso, quitar el arroz o añadir otras salsas por dentro o por fuera. Consejo: ten cuidado de no rellenarlo de más, o tu burrito se romperá. Deben consumirse de inmediato.

Las tortillas de los burritos siempre son de harina, pues se doblan y se enrollan mejor que las tortillas de maíz. Las tortillas de harina de 10 pulgadas, buen tamaño para un burrito, están disponibles en cualquier supermercado. No las rellenes demasiado porque se rompen fácilmente. Si quieres preparar burritos extragrandes, opta por tortillas de 12 ó 14 pulgadas.

En esta sección encontrarás una receta para burritos básicos de carne de res que puedes modificar a tu gusto. También te comparto otras recetas, incluyendo burritos "cremosos". Puedes personalizar esta preparación según tu gusto o el de tus comensales.

# BURRITOS BÁSICOS DE RES

**Rinde 4 porciones**

2 tazas de carne de res deshebrada, más ½ taza de caldo de res de 1 preparación de Caldo de carne de res deshebrada Uno-Dos-Tres (página 156)

Sal *kosher*

4 tortillas de harina de 10 pulgadas

2 tazas de queso Monterey Jack, cheddar, o una mezcla de ambos, rallado

2 tazas de Arroz rojo (página 127), caliente

2 tazas de Frijoles (habichuelas, porotos, caraotas) pintos refritos (página 124), calientes

½ taza de cebolla blanca, picada

½ taza de jitomates *saladette* (tomates Roma o guaje), sin centro, sin semillas y picados, o de Pico de gallo (página 139)

4 cucharadas de hojas de cilantro frescas, picadas

2 aguacates maduros, cortados a la mitad, sin hueso, pelados y picados

Guarniciones de tu elección (ver En la mesa, página 119), para acompañar

**1.** Cocina en una sartén pequeña, a fuego medio, la carne deshebrada y el caldo. Mueve ocasionalmente durante alrededor de 5 minutos, hasta que la carne absorba el caldo; la mezcla debe estar jugosa, pero no líquida. Prueba y rectifica la sazón con sal, si es necesario. Retira la sartén del fuego y tápala, para mantener la carne caliente.

**2.** Calienta a fuego medio una sartén grande o una plancha. Calienta una tortilla durante 1 minuto por cada lado, hasta que esté flexible. Con la tortilla en la sartén, esparce encima, uniformemente, ½ taza de queso, dejando un margen de 1 pulgada en los bordes. Pasa la tortilla a un plato. Sirve ½ taza de la carne deshebrada caliente, dejando un borde de 2 pulgadas por los lados y un borde superior e inferior de 3 pulgadas. Sirve ½ taza de arroz caliente sobre la carne, ½ taza de frijoles calientes, 2 cucharadas de cebolla, 2 cucharadas de jitomate, 1 cucharada de cilantro y ¼ del aguacate.

**3.** Dobla el borde superior de la tortilla hacia el relleno, asegurándote de presionarlo contra este. Dobla los dos costados de la tortilla para cerrar el burrito y luego dobla la parte con relleno hacia el borde inferior, asegurándote de que quede firme y compacto. Sirve el burrito de inmediato, o envuélvelo en papel de aluminio para mantenerlo caliente unos minutos.

**4.** Repite la operación con el resto de las tortillas y los rellenos, y sírvelos con las guarniciones de tu elección.

### SUSTITUCIONES Y ADICIONES

Sustituye el Arroz rojo por Arroz blanco (página 134) o Arroz verde (página 131).

Sustituye los Frijoles pintos refritos por Frijoles pintos vaqueros (página 129) o Dip de frijoles puercos (página 125).

Agrega aproximadamente ⅓ de taza de Ensalada de col para tacos (página 151), o lechuga cortada en julianas, para rellenar cada burrito.

Calienta a fuego bajo en una olla pequeña 2–3 cucharadas de Salsa roja (página 141), Chile verde (página 75), Salsa de chipotle y tomate verde (tomatillo o tomate de fresadilla) (página 142), o Salsa de chipotle y queso (página 147). Forma cada burrito y vierte encima ½ o ⅓ de taza de la salsa caliente.

# BURRITOS DE CARNITAS

Calienta una sartén grande a fuego medio y agrega las Carnitas. Cocina, moviendo ocasionalmente, hasta que la carne absorba el caldo; debe estar jugosa, pero no líquida. Retira la sartén del fuego y tápala para mantener caliente la carne.

Calienta a fuego medio una sartén grande o una plancha. Calienta una tortilla durante un minuto por cada lado, hasta que esté flexible. Pasa la tortilla a un plato. Sirve ½ taza de frijoles calientes, dejando un borde de 2 pulgadas a cada lado y un borde superior e inferior de 3 pulgadas. Sirve ½ taza de Carnitas calientes, ¼ del aguacate, 2 cucharadas de cebolla, 2 cucharadas de cilantro y 2 cucharadas de chicharrón (si lo usas).

Sigue el paso 3 de los Burritos básicos de res (página opuesta) para envolver el relleno con la tortilla.

Repite la operación con las tortillas y los rellenos restantes, y sirve con las guarniciones de tu elección.

## ADICIONES

Asa 1 chile poblano (página 6), desvénalo, quítale la piel y córtalo en julianas. Agrega ¼ de las julianas al relleno de cada burrito.

Añade aproximadamente ⅓ de taza de Ensalada de col para tacos (página 151) al relleno de cada burrito.

Rinde 4 porciones

2 tazas de Carnitas (página 73)

4 tortillas de harina de 10 pulgadas

2 tazas de salsa de frijoles puercos (página 125), o Frijoles pintos vaqueros (página 129), calientes

2 aguacates maduros, cortados a la mitad, sin hueso, pelados y picados

½ taza de cebolla blanca, picada

½ de taza de hojas de cilantro fresco, picadas

½ taza de chicharrón (piel frita de cerdo, puerco o chancho), desmoronado (página 10) (opcional)

Salsa verde (página 140) o Salsa de tomate verde fresco (página 143)

Guarniciones de tu elección (ver En la mesa, página 119), para acompañar

---

## EN LA MESA

Éstas son algunas guarniciones maravillosas que puedes ofrecer en la mesa.

- Salsa de chile habanero (página 144)
- Pico de Gallo (página 139)
- Encurtido de jalapeños caseros (página 149) o comprados
- Crema agria o crema mexicana
- Queso Cotija rallado
- Guacamole (página 150)
- Cebolla blanca picada con hojas frescas de cilantro cortadito

# BURRITOS CREMOSOS DE RES, FRIJOLES Y QUESO

**BURRITOS**

2 tazas de Costillas al estilo Ciudad de México con chile poblano (página 62)

2 tazas de Frijoles (habichuelas, porotos, caraotas) negros básicos (Nota, página 23)

4 tortillas de harina de 10 pulgadas

1⅓ de tazas de queso Chihuahua, Oaxaca o Monterey Jack

**PARA DECORAR**

2 tazas de Salsa de chile ancho (página 146), caliente

1 taza de queso Chihuahua o Oaxaca, rallado

4 cucharadas de queso Cotija, rallado, o queso fresco, desmoronado

4 cucharadas de crema mexicana

2 aguacates maduros, cortados a la mitad, sin hueso, pelados y rebanados

½ taza de Pico de gallo (página 139)

Guarniciones de tu elección (ver En la mesa, página 119), para acompañar

Para preparar los burritos, separa la carne de la salsa y reserva. En una sartén a fuego medio, reduce la salsa de las costillas durante 3 a 5 minutos, hasta que se espese, y luego calienta la carne en ella durante alrededor de 5 minutos más. No deshebres la carne. Retira la sartén del fuego y tápala para mantener la carne caliente.

Cocina a fuego medio-alto en una sartén pequeña los frijoles negros por alrededor de 5 minutos, hasta que se espesen y se sequen. Retira la sartén del fuego y tápala para mantener los frijoles calientes.

Precalienta la salamandra o asador y coloca debajo una rejilla a 6 pulgadas de distancia.

Calienta a fuego medio una sartén grande o una plancha. Calienta una tortilla durante alrededor de 1 minuto por cada lado, hasta que esté flexible. Con la tortilla en la sartén, esparce encima ⅓ de taza de queso Chihuahua, dejando un margen de 1 pulgada en los bordes. Pasa la tortilla a un plato. Sirve ½ taza de frijoles calientes, dejando un borde de 2 pulgadas a los lados, y un borde superior e inferior de 3 pulgadas. Sirve ½ taza de la carne caliente encima de los frijoles.

Sigue el paso 3 de los Burritos básicos de res para envolver el relleno con la tortilla; no envuelvas el burrito con papel de aluminio, pues estará cubierto con salsa y caerá bajo la salamandra. Repite la operación con el resto de las tortillas, el queso Chihuahua, los frijoles y la carne, para formar tres burritos más. Acomódalos en una charola para hornear.

Para decorar los burritos, sirve ½ taza de salsa caliente y esparce ¼ de taza de queso Chihuahua y 1 cucharada de queso Cotija sobre cada burrito. Dóralos durante alrededor de 3 minutos, hasta que el queso se derrita y burbujee.

Retira la charola de la salamandra y pasa cada burrito a un plato individual con cuidado. Rocía cada uno con 1 cucharada de crema. Luego decora cada uno con ¼ del aguacate y 2 cucharadas de Pico de gallo. Sirve de inmediato con las guarniciones de tu elección.

# BURRITOS DE FAJITAS DE CALIFORNIA

Rinde 4 porciones

Calienta el aceite en una sartén a fuego medio-alto. Agrega la cebolla, el ajo, los chiles Anaheim, los jalapeños y el pimiento morrón rojo. Cocínalos, moviendo ocasionalmente durante alrededor de 2 minutos, hasta que estén cocidos, pero firmes. Añade la sal, el comino, las hojuelas de chile de árbol y la pimienta negra, y cocina, moviendo durante alrededor de 2 minutos, hasta que las verduras se suavicen. Incorpora los jitomates y el cilantro, y cocínalos por alrededor de 1 minuto, hasta que se calienten. Pasa la mezcla a un plato y tápala con papel de aluminio para mantenerla caliente.

En la misma sartén, agrega la carne y el caldo. Cocínalos a fuego medio-alto, moviendo ocasionalmente durante 3 a 5 minutos, hasta que la carne absorba el caldo; la mezcla debe estar jugosa, pero no líquida. Prueba y rectifica la sazón con sal, si es necesario. Retira la sartén del fuego y tápala para mantener caliente la carne.

Calienta a fuego medio una sartén grande o una plancha. Calienta una tortilla durante alrededor de 1 minuto por cada lado, hasta que esté flexible. Con la tortilla en la sartén, esparce encima ½ taza de queso, dejando un margen de 1 pulgada en los bordes. Pasa la tortilla a un plato. Sirve ½ taza de frijoles calientes, dejando un borde de 2 pulgadas a los lados, y un borde superior e inferior de 3 pulgadas. Pon encima ¼ de las verduras cocidas, ½ taza de la carne caliente, ¼ de taza de guacamole y 1 rebanada de tocino (si lo usas).

Sigue el paso 3 de los Burritos básicos de res (página 118) para envolver el relleno con la tortilla.

Repite la operación con las tortillas y los rellenos restantes, y sirve con las guarniciones de tu elección.

## Ingredientes

- 1½ cucharadas de aceite vegetal
- 1 cebolla morada, rebanada finamente
- 6 dientes de ajo, picados finamente (2 cucharadas)
- 2 chiles Anaheim (chilacas), sin tallo, desvenados y cortados en julianas
- 1–2 chiles jalapeños, sin tallo, desvenados (opcional) y cortados en julianas
- 1 pimiento morrón rojo, sin tallo, desvenado y cortado en julianas
- 2 cucharaditas de sal *kosher*
- 1 cucharadita de comino molido
- 1 cucharadita de hojuelas de chile de árbol
- ½ cucharadita de pimienta negra, recién molida
- 2 jitomates *saladette* (tomates Roma o guaje), sin centro, sin semillas y cortados en julianas
- Hojas de ½ manojo de cilantro, picadas
- 2 tazas de carne de res deshebrada y ⅓ de taza de caldo (página 156) o 2 tazas de pollo deshebrado y ⅓ de taza de caldo (página 154) de la preparación Uno-Dos-Tres
- 4 tortillas de harina de 10 pulgadas
- 2 tazas de queso Monterey Jack con chile (Pepper Jack), rallado
- 2 tazas de Frijoles pintos refritos (página 124), calientes
- 1 taza de guacamole (página 150), más el necesario para acompañar
- 4 rebanadas de tocino (tocineta o panceta), fritas hasta dorarlas (opcional)

# capítulo 5

# GRANOS
## y
# LEGUMBRES

# FRIJOLES PINTOS REFRITOS

**Rinde 6–8 porciones**

2 tazas de frijoles (habichuelas, porotos o caraotas) pintos, secos

2 cucharadas de aceite vegetal

1 taza de cebolla blanca o amarilla, picada

3 dientes de ajo picados (1 cucharada)

2 chiles guajillo o California, sin tallo, desvenados y troceados

3 chiles de árbol o ½ cucharadita de hojuelas de chile de árbol

1 hoja de laurel

1 cucharadita de orégano mexicano seco

1 cucharadita de pimienta negra, recién molida

6 tazas de agua

1 cucharada de sal *kosher*

2 cucharadas de grasa de tocino (tocineta o panceta), grasa de cerdo (puerco o chancho) de las Carnitas (página 73), o aceite vegetal

Queso Cotija desmoronado, para decorar

Cebollitas de cambray (cebolletas o cebollín), rebanadas finamente, solo la parte verde, para decorar

Pico de gallo (página 139), para acompañar

Los frijoles refritos son esenciales en la gastronomía mexicana. Con la Instant Pot se preparan perfectamente y con rapidez. Remoja antes los frijoles para obtener una textura más cremosa. Si no, la cocción puede variar. Los frijoles parecerán líquidos después de la cocción, pero absorberán parte del líquido y se espesarán mientras se enfrían.

---

Pon los frijoles en un tazón grande, cúbrelos con 6 tazas de agua y déjalos remojar durante toda la noche a temperatura ambiente. Cuela los frijoles.

Presiona **Sauté-normal/medium (Saltear-normal/medio)** en la Instant Pot y calienta el aceite. Añade la cebolla, el ajo, los chiles guajillo, los chiles de árbol, el laurel, el orégano y la pimienta. Cocínalos, moviendo ocasionalmente durante alrededor de 5 minutos, hasta que la cebolla se empiece a suavizar. Agrega los frijoles colados, el agua y la sal, y revuelve. Presiona **Cancel (Cancelar)**.

Asegura la tapa y establece la liberación de presión en **Sealing (Sellar)**. Presiona **Beans (Frijoles)** y fija el tiempo de cocción en 30 minutos.

Cuando termine el programa de cocción, presiona **Cancel**. Permite que la presión se libere naturalmente durante 30 minutos, luego mueve la perilla de liberación a **Venting (Ventilar)** para liberar el vapor restante.

Abre la olla; los frijoles parecerán muy líquidos. Déjalos enfriar a temperatura ambiente; absorberán gran parte del líquido de la cocción.

Reserva 1 taza del líquido de la cocción. Con la licuadora de inmersión, muele los frijoles y el resto del líquido directamente en la olla, hasta obtener una consistencia suave. Alternativamente, pasa los frijoles a la licuadora normal y licúalos en partes, si es necesario, hasta obtener una consistencia suave. Regrésalos después a la olla.

Agrega la grasa de tocino a los frijoles licuados. Presiona **Sauté-high (Saltear-alto)** en la Instant Pot y cocina los frijoles, moviendo frecuentemente y raspando el fondo de la olla hasta que se espesen. Puede tardar hasta 30 minutos.

Si los frijoles están demasiado espesos para tu gusto, adelgázalos con el líquido reservado de la cocción, hasta obtener la consistencia deseada. Prueba y rectifica la sazón con sal y pimienta, si es necesario. Para servir, decora con queso Cotija y cebollitas de cambray. Acompaña con Pico de gallo.

**NOTA** Si estás cocinando frijoles sin remojar, fija el tiempo de cocción en 35 minutos. Permite que la presión se libere naturalmente durante 30 minutos, luego mueve la perilla de liberación a **Venting** para liberar el vapor restante. Abre la olla y prueba un frijol. Si está seco o un poco duro por dentro, asegura la tapa de nuevo y establece la liberación de presión en **Sealing**. Presiona **Pressure Cook (Cocción a presión)** y fija el tiempo de cocción en 5 minutos. Realiza una liberación rápida de presión moviendo la perilla de liberación a **Venting (Ventilar)**. Abre la olla y prueba de nuevo.

### VARIACIÓN

Para preparar **frijoles borrachos**, añade ½ taza de cerveza a los frijoles mientras los licúas.

Para preparar **salsa de frijoles puercos**, agrega a los frijoles refritos ½ cucharadita de pimienta negra recién molida y ⅓ de taza de grasa de tocino o grasa de cerdo de las carnitas. Pásalo a un molde resistente para horno y decora con un buen puñado de queso Monterey Jack rallado. Dóralo hasta que el queso se derrita y burbujee. Rocía un poco de crema agria, esparce queso Cotija rallado, cebolla blanca picada, hojas de cilantro fresco picadas y chicharrón (piel frita de cerdo, puerco o chancho) desmoronado. Sirve con totopos (chips de tortilla) o tostadas.

Para preparar **frijoles meneados**, cocina los frijoles licuados hasta que estén muy espesos e incorpora ¼ de taza de crema espesa, 1 cucharada de mantequilla y 2 cucharadas de queso crema. Espárcelos en un molde para hornear de 6 tazas. Esparce encima ⅓ de taza de queso Monterey Jack o Chihuahua. Dóralo bajo la salamandra o asador hasta que el queso se derrita y burbujee. Sirve con totopos.

## DECORA TUS FRIJOLES

Los frijoles bien preparados son deliciosos cuando los sirves solos, pero también se complementan muy bien con distintos ingredientes. Estas son ideas con las que puedes comenzar.

· **Queso fresco, desmoronado**

· **Queso Cotija, rallado**

· **Crema mexicana**

· **Pico de gallo (página 139)**

· **Encurtido de jalapeños y zanahorias (página 149)**

· **Ensalada de nopales (página 114)**

· **Carnitas (página 73)**

· **Chicharrón (piel frita de cerdo, puerco o chancho), desmoronado**

· **Cebollitas de cambray (cebolletas o cebollín) rebanadas, solo la parte verde**

· **Mezcla de cebolla blanca, picada, y hojas de cilantro fresco, picadas, en partes iguales**

· **Aceite de achiote**

· **Sofrito** Calienta 1 cucharada de aceite vegetal en una sartén pequeña a fuego medio-alto. Añade ¼ de taza de cebolla blanca picada, y cocínala, moviendo frecuentemente durante alrededor de 5 minutos, hasta que se dore ligeramente. Añade 1 cucharadita de ajo picado finamente, ½ taza de jitomate *saladette* (tomate Roma o guaje), sin semillas y picado, y ¼ de cucharadita de sal *kosher* y utilízalo como guarnición.

# ARROZ ROJO

Freír ligeramente el arroz en un puré de verduras frescas aromáticas le da sabor a cada grano. Dado el intenso calor húmedo de la Instant Pot, es importante permitir una liberación natural de presión para que el arroz termine de cocerse uniformemente. Parecerá muy suave cuando destapes la olla, pero mientras reposa destapado adquirirá consistencia. Ver Arroz perfecto (página 130) para más consejos.

---

En la licuadora, muele el jitomate, el tomate verde y la sal. Agrega la cebolla, el ajo, la pasta de tomate y el jalapeño (si lo usas), y licua hasta obtener una consistencia suave, raspando los costados de la licuadora si es necesario.

Presiona **Sauté-normal/medium (Saltear-normal/medio)** en la Instant Pot y calienta el aceite. Agrega el arroz y cocínalo, moviendo frecuentemente durante 3 o 5 minutos, hasta que adquiera un tono dorado. Vierte el puré de jitomate y cebolla, y cocina, moviendo ocasionalmente durante alrededor de 3 minutos, hasta que el arroz haya absorbido casi todo el líquido. Presiona **Cancel (Cancelar)**.

Vierte el caldo en la licuadora y licua para desprender cualquier residuo del puré. Agrega el caldo a la mezcla de arroz. Usando guantes para horno, saca la olla interna de la Instant Pot y muévela suavemente para acomodar los granos en una capa uniforme. Reinserta la olla interna.

Asegura la tapa y establece la liberación de presión en **Sealing (Sellar)**. Presiona **Pressure Cook (Cocción a presión)** y fija el tiempo de cocción en 8 minutos.

Cuando termine el programa de cocción, presiona **Cancel**. Permite que la presión se libere naturalmente durante 10 minutos, luego mueve la perilla de liberación a **Venting (Ventilar)** para liberar el vapor restante. Abre la olla y, con ayuda de un tenedor o unos palillos chinos, esponja suavemente el arroz. Agrega el cilantro y deja reposar, sin tapar, durante 5 minutos. Sirve caliente.

**Rinde 4–6 porciones**

1 jitomate *saladette* (tomate Roma o guaje) grande, sin centro y cortado en cuartos

1 tomate verde (tomatillo o tomate de fresadilla), troceado y sin cáscara

1 cucharada de sal *kosher*

¼ de cebolla blanca, picada

1 diente de ajo grande, pelado

2 cucharadas de pasta de tomate

½ chile jalapeño, sin tallo y desvenado (opcional)

1 cucharada de aceite vegetal

2 tazas de arroz blanco de grano largo, enjuagado y colado

1½ tazas de caldo de pollo

¼ de taza de hojas de cilantro fresco, picadas

# FRIJOLES PINTOS VAQUEROS

Este es un platillo auténticamente vaquero: lleno de sabor, suculento y picante, es una comida completa en una sola olla. Los aficionados al cerdo pueden decorar los frijoles con tocino, Carnitas (página 73) o chorizo. Conviértelos en una comida completa añadiendo tortillas de maíz calientes, hazlos tipo sopa (página 21) o agrégalos a los burritos (página 117).

Pasa los frijoles a un tazón grande, cúbrelos con 6 tazas de agua y déjalos remojar durante toda la noche a temperatura ambiente. Cuela los frijoles.

Presiona **Sauté-high (Saltear-alto)** en la Instant Pot. Añade el aceite, el tocino y el codillo, y cocínalos, moviendo durante alrededor de 5 minutos, hasta que el tocino suelte su grasa y se dore ligeramente. Agrega el ajo, la cebolla, el chile California, la pimienta y el orégano, y cocínalos, moviendo durante 1 minuto. Añade el agua, la sal, el epazote, los chiles chipotle y los jitomates junto con su líquido.

Asegura la tapa y establece la liberación de presión en **Sealing (Sellar)**. Presiona **Beans (Frijoles)** y fija el tiempo de cocción en 30 minutos.

Cuando termine el programa de cocción, presiona **Cancel (Cancelar)**. Permite que la presión se libere naturalmente durante 30 minutos, luego mueve la perilla de liberación a **Venting (Ventilar)** para liberar el vapor restante.

Abre la olla y pasa el codillo a un plato. Prueba un frijol; deberá estar cremoso y suave. Si no, asegura la tapa de nuevo y establece la liberación de presión en **Sealing**. Presiona **Pressure Cook (Cocción a presión)** y fija el tiempo de cocción en 5 minutos. Cuando termine el programa de cocción, presiona **Cancel**. Permite que la presión se libere naturalmente durante 20 minutos, luego mueve la perilla de liberación a **Venting (Ventilar)** para liberar el vapor restante. Abre la olla y prueba otro frijol.

Retira y desecha la piel y los huesos del codillo, y desmenuza la carne en trozos pequeños. Incorpora la carne y los chiles poblanos a los frijoles. Prueba y rectifica la sazón con sal

CONTINUADO

## Rinde 6–8 porciones

2 tazas de frijoles (habichuelas, porotos o caraotas) pintos, secos

2 cucharadas de aceite vegetal

1 rebanada gruesa de tocino (tocineta o panceta), picada

1 codillo (*hock*, lacón o corvejón) de cerdo (puerco o chancho) ahumado, o 1 muslo de pavo ahumado (12 onzas, aproximadamente)

6 dientes de ajo, rebanados (2 cucharadas, aproximadamente)

½ cebolla blanca o amarilla grande, picada

1 chile California o guajillo, sin tallo, desvenado y troceado

1 cucharada de pimienta negra, recién molida

2 cucharaditas de orégano mexicano seco

6 tazas de agua o caldo de verduras

4 cucharaditas de sal *kosher*

10 hojas de epazote frescas, cortadas en julianas, o ¼ de taza de hojas de cilantro fresco, picadas

4 chiles chipotle en adobo, picados finamente

1 lata de 14½ onzas de jitomates (tomates) picados, más su líquido, o 3 jitomates *saladette* (tomates Roma o guaje), sin centro y picados

2 chiles poblanos o Anaheim (chilacas) asados (página 6), desvenados, pelados y picados

y pimienta, si es necesario. Si quieres una consistencia más espesa, usa un triturador de papas para machacar parte de los frijoles.

NOTA  Si olvidas remojar tus frijoles, cocínalos durante 35 minutos y permite que la presión se libere naturalmente durante 30 minutos. Prueba un frijol. Si está seco o un poco duro, asegura la tapa de nuevo y establece la liberación de presión en **Sealing**. Presiona **Pressure Cook** y fija el tiempo de cocción en 5 minutos. Realiza una liberación rápida de presión moviendo la perilla de liberación a **Venting**.

Si quieres los frijoles más picantes, aumenta la cantidad de chiles chipotle en adobo a 5, picados finamente, o agrega ½ cucharadita de hojuelas de chile de árbol junto con los chipotles.

Sirve los frijoles con un poco de queso Cotija desmoronado encima, o una cucharada de crema mexicana.

## ARROZ PERFECTO

Las recetas mexicanas empiezan friendo el arroz con un puré de hierbas aromáticas y verduras frescas, lo que añade sabor y alto valor nutricional. Puedes hacerlo todo en la Instant Pot, con magníficos resultados cada vez. Estos son algunos consejos para preparar un arroz perfecto.

· **No sustituyas el arroz blanco de grano largo que se indica en las recetas por arroz integral. El arroz integral requiere cantidades de líquido y tiempo de cocción diferentes.**

· *Siempre* **enjuaga bien y cuela el arroz antes de cocerlo. Yo uso un colador de metal grande, una gran herramienta de cocina que también utilizo para colar salsas, moles y caldos.**

· **Saltear el arroz en una pequeña cantidad de aceite vegetal antes de añadir el líquido garantiza que los granos se cocinen por separado.**

· **Para un arroz todavía más especial, usa un buen caldo de pollo casero en lugar de agua.**

· **La liberación natural de presión y el reposo final son esenciales para obtener resultados perfectos. No te saltes estos pasos.**

· **Usa un tenedor o palillos chinos para esponjar suavemente los granos cocidos antes de dejarlos reposar.**

· **Para mejores resultados, no dupliques las recetas.**

Puedes congelar las sobras de arroz en bolsas de plástico con cierre hasta por 1 mes. Para recalentar, descongela durante la noche en el refrigerador y calienta en un tazón para microondas. Alternativamente, pon el arroz en una olla profunda con una pequeña cantidad de agua o caldo, tapa y calienta a fuego bajo.

# ARROZ VERDE

Siempre tengo chiles poblanos asados en mi congelador, así que puedo preparar este maravilloso arroz cuando tengo antojo. Es mi platillo favorito para aderezar un pollo rostizado sencillo o un pescado a la parrilla para cenar. Es magnífico con burritos (página 117) o albóndigas. Y puedes usarlo para preparar chiles rellenos (página 106).

En la licuadora, muele los chiles poblanos, el jalapeño, la cebolla, el ajo, el tomate verde, la sal y el agua, hasta obtener una consistencia suave, raspando los costados de la licuadora si es necesario.

Presiona **Sauté-normal/medium (Saltear-normal/medio)** en la Instant Pot y calienta el aceite. Agrega el arroz y cocínalo, moviendo frecuentemente durante 3 a 5 minutos, hasta que empiece a tomar un tono dorado. Vierte el puré de chile en la Instant Pot y cocínalo, moviendo ocasionalmente durante alrededor de 5 minutos, hasta que absorba el líquido. Presiona **Cancel (Cancelar)**.

Agrega el caldo a la mezcla de arroz. Usando guantes para horno, saca la olla interna de la Instant Pot y muévela suavemente para acomodar los granos en una capa uniforme. Reinserta la olla interna.

Asegura la tapa y establece la liberación de presión en **Sealing (Sellar)**. Presiona **Pressure Cook (Cocción a presión)** y fija el tiempo de cocción en 15 minutos.

Cuando termine el programa de cocción, presiona **Cancel**. Permite que la presión se libere naturalmente durante 10 minutos, luego mueve la perilla de liberación a **Venting (Ventilar)** para liberar el vapor restante. Abre la olla y, con ayuda de un tenedor o unos palillos chinos, esponja suavemente el arroz. Agrega el cilantro y deja reposar, sin tapar, entre 10 y 15 minutos. Prueba y rectifica la sazón con sal, si es necesario. Sirve caliente.

## VARIACIÓN

Para una versión vegana, sustituye el caldo de pollo por caldo de verduras o agua.

**Rinde 4–6 porciones**

2 chiles poblanos o Anaheim (chilacas), asados (página 6), desvenados y pelados

1 chile jalapeño grande, sin tallo y desvenado

½ cebolla blanca o amarilla pequeña, picada

3 dientes de ajo grandes, pelados

1 tomate verde (tomatillo o tomate de fresadilla), troceado y sin cáscara

2 cucharaditas de sal *kosher*

½ taza de agua

2 cucharadas de aceite vegetal

2 tazas de arroz blanco de grano largo, enjuagado y colado

1½ tazas de caldo de pollo

Hojas de ½ manojo de cilantro, picadas finamente

# ARROZ CON MARISCOS

**Rinde 4 porciones**

1 taza de vino blanco seco, tipo Sauvignon Blanc

1 cucharadita de azafrán

3 cucharadas de aceite de oliva

6 dientes de ajo, picados finamente (2 cucharadas)

8 onzas de camarones medianos, pelados y desvenados

4 onzas de filetes de pescado blanco, tipo mero o róbalo, firmes, sin piel y cortados en trozos de 1 pulgada

6 onzas de calamares pequeños, limpios y rebanados, o 6 onzas de callos de hacha (*scallops*), cortados en cuartos

12 mejillones, limpios y sin barbas

3 cucharaditas de sal *kosher*

½ cebolla blanca o amarilla pequeña, picada

½ pimiento morrón rojo, sin tallo, desvenado y rebanado

½ pimiento morrón verde, sin tallo, desvenado y rebanado

1 chile serrano, sin tallo, desvenado y picado finamente

2 jitomates *saladette* (tomates Roma o guaje), sin centro, sin semillas y picados

2 cucharaditas de páprika (pimentón) ahumada

1 cucharada de pasta de tomate

Este delicioso platillo es mucho más indulgente que la paella, sobre todo cuando se prepara en la Instant Pot. Es una de las recetas más fáciles, más impresionantes y más deliciosas de este libro. Asegúrate de enjuagar el arroz antes de cocerlo (página 130).

En una olla pequeña, hierve levemente el vino a fuego medio-alto. Alternativamente, calienta el vino en un tazón en el microondas por alrededor de 30 segundos. Agrega el azafrán al vino caliente y déjalo remojar por alrededor de 30 minutos.

Presiona **Sauté-normal/medium (Saltear-normal/medio)** en la Instant Pot y calienta 1 cucharada de aceite. Agrega el ajo y los camarones, y cocínalos moviendo ocasionalmente de 2 a 3 minutos, hasta que se opaquen. Pásalos a un plato. Añade el pescado y cocínalo, moviendo con cuidado durante 2 a 3 minutos, hasta que se opaque; pásalo al plato. Agrega el calamar y cocínalo, moviendo ocasionalmente durante 2 a 3 minutos, y pásalo al plato. Finalmente, añade los mejillones y cocínalos, moviendo ocasionalmente por alrededor de 3 minutos, hasta que se abran. Pásalos al plato y desecha los que no se hayan abierto. Presiona **Cancel (Cancelar)**. Sazona los mariscos con 1 cucharadita de sal. Usando guantes para horno, saca la olla interna de la Instant Pot y vierte los jugos sobre los mariscos. Reinserta la olla. Cubre los mariscos con papel de aluminio para mantenerlos calientes.

Presiona **Sauté-normal/medium** en la Instant Pot y calienta las otras 2 cucharadas de aceite. Agrega la cebolla, el pimiento morrón rojo, el pimiento morrón verde, el chile serrano y los jitomates. Cocina, moviendo ocasionalmente durante 2 minutos, hasta que se suavicen. Añade las otras 2 cucharaditas de sal, la páprika ahumada y la pasta de tomate. Cocina, moviendo durante alrededor de 2 minutos. Incorpora el arroz, el caldo de pollo y el caldo de mariscos.

Asegura la tapa y establece la liberación de presión en **Sealing (Sellar)**. Presiona **Pressure Cook (Cocción a presión)** y fija el tiempo de cocción en 8 minutos.

Cuando termine el programa de cocción, presiona **Cancel**. Permite que la presión se libere naturalmente durante 10 minutos, luego mueve la perilla de liberación a **Venting (Ventilar)** para liberar el vapor restante. Abre la olla y, con ayuda de un tenedor o unos palillos chinos, esponja suavemente el arroz. Agrega los mariscos y los jugos que había en el plato, junto con el cilantro, y revuelve suavemente. Coloca la tapa de nuevo, pero sin asegurarla, y deja reposar durante 10 minutos.

Sirve caliente, acompañado con cuartos de limón.

**NOTA**  Si no tienes caldo de mariscos, jugo de almeja o Clamato, simplemente usa 1 taza más de caldo de pollo.

2½ tazas de arroz blanco de grano largo, enjuagado y colado

1 taza de caldo de pollo

1 taza de caldo de mariscos, jugo de almeja o Clamato

¼ de taza de hojas de cilantro fresco, picadas

Cuartos de limón, para acompañar

# ARROZ BLANCO

**Rinde 4–6 porciones**

2 cucharadas de aceite vegetal

½ cebolla blanca o amarilla pequeña, picada finamente

3 dientes de ajo, picados finamente (1 cucharada, aproximadamente)

2 tazas de arroz blanco de grano largo, enjuagado y colado

2 cucharadas de sal *kosher*

1¼ tazas de agua

1 taza de caldo de pollo

Soy muy torpe en lo que se refiere al arroz, pero he encontrado en la Instant Pot un sistema a prueba de fallos con el que obtengo un arroz maravilloso cada vez. La clave está en enjuagar y colar el arroz antes de cocinarlo, usar caldo casero y permitir que el arroz repose después de la cocción. Ver Arroz perfecto (página 130) para más consejos.

---

Presiona **Sauté-normal/medium (Saltear-normal/medio)** en la Instant Pot y calienta el aceite. Agrega la cebolla y el ajo y cocínalos moviendo constantemente por alrededor de 1 minuto, hasta que se doren ligeramente. Agrega el arroz y cocínalo, moviendo durante alrededor de 2 minutos, hasta que los granos empiecen a tomar un tono dorado. Presiona **Cancel (Cancelar)**. Agrega la sal, el agua y el caldo, y raspa cualquier parte dorada que se adhiera al fondo o a los costados de la olla. Usando guantes para horno, saca la olla interna de la Instant Pot y muévela suavemente para acomodar los granos en una capa uniforme. Reinserta la olla interna.

Asegura la tapa y establece la liberación de presión en **Sealing (Sellar)**. Presiona **Rice (Arroz)**.

Cuando termine el programa de cocción, presiona **Cancel**. Permite que la presión se libere naturalmente durante 10 minutos, luego mueve la perilla de liberación a **Venting (Ventilar)** para liberar el vapor restante. Abre la olla y, con ayuda de un tenedor o de palillos chinos, esponja suavemente el arroz. Seca cualquier condensación en la tapa y colócala de nuevo, pero no la asegures. Deja reposar durante 10 minutos. Sirve caliente.

### VARIACIÓN

Para un arroz con jitomate fresco, agrega 2 jitomates *saladette* (tomates Roma o guaje), sin centro, sin semillas y picados, cuando el arroz esté reposando.

Para un arroz con hierbas y cítricos, incorpora el jugo de 1 limón y aproximadamente 2 cucharadas de cilantro fresco, laurel u hojas de albahaca picadas, antes de que el arroz repose.

Para usar arroz integral de grano largo, pon 1¼ tazas de caldo de pollo y de agua (para un total de 2½ tazas de líquido), y cocínalo en **Pressure Cook (Cocción a presión)** durante 15 minutos.

# QUINUA CON PASAS

Este platillo enriquece la quinua con pasas remojadas en zumo de cítricos y con la textura crujiente de pepitas tostadas. Puedes servirlo caliente, a temperatura ambiente o frío. Al igual que el arroz, debes enjuagar y colar muy bien la quinua antes de cocerla.

––––––––––––

En un tazón pequeño, mezcla las pasas, el jugo de naranja, el jugo de limón y el vinagre. Reserva.

En la Instant Pot, mezcla la quinua, el agua, la sal y el aceite. Asegura la tapa y establece la liberación de presión en **Sealing (Sellar)**. Presiona **Pressure Cook (Cocción a presión)** y fija el tiempo de cocción en 1 minuto.

Cuando termine el programa de cocción, presiona **Cancel (Cancelar)**. Realiza una liberación rápida de presión moviendo la perilla de liberación a **Venting (Ventilar)**. Sin abrir la olla, deja reposar por 10 minutos.

Abre la olla y, con ayuda de un tenedor, esponja suavemente la quinua. Incorpora las pasas con los jugos y el cilantro. Deja reposar, sin tapar, durante 5 minutos. Prueba y rectifica la sazón con sal, si es necesario. Pasa la quinua a un tazón para servir y decora con las pepitas.

**NOTA** Si lo prefieres, puedes sustituir las pasas por arándanos secos, y el vinagre por 1 cucharada de tequila.

**Rinde 4–6 porciones**

½ taza de pasas

Jugo de ½ naranja

Jugo de ½ limón

1 cucharada de vinagre

1 taza de quinua, enjuagada y colada

2 tazas de agua

1 cucharadita de sal *kosher*

1 cucharadita de aceite de oliva

¼ de taza de hojas de cilantro, picadas

¼ de taza de pepitas (semillas de calabaza sin cáscara), tostadas

# capítulo 6

# RECETAS

# BASE

# PICO DE GALLO

Moderadamente picante, crujiente y fresco, el pico de gallo no requiere cocción. Es un complemento básico para los tacos y es maravilloso en burritos, con frijoles (habichuelas, porotos o caraotas) refritos, e incluso para decorar una sopa. Para variar el sabor, añade un poco de mango picado.

---

Mezcla en un tazón todos los ingredientes. Prueba y rectifica la sazón con sal, si es necesario; la salsa debe estar bien sazonada. Sirve de inmediato, o guarda en un contenedor tapado y refrigera hasta por 1 día.

### VARIACIÓN

Para preparar *xnipec*, una salsa yucateca picante, sustituye el chile jalapeño por chile habanero y agrega un chorrito de vinagre de sidra al final.

**Rinde 2 tazas**

3 jitomates *saladette* (tomates Roma o guaje), sin centro, sin semillas y cortados en cubos de ¼ de pulgada (1½ tazas, aproximadamente)

½ taza de cebolla blanca o morada, picada finamente

1 chile jalapeño o serrano pequeño, sin tallo y picado finamente

1 cucharada de hojas de cilantro fresco, picadas finamente

1 cucharada de jugo de limón, recién exprimido

¾ de cucharadita de sal *kosher*

# SALSA VERDE

**Rinde 3½ tazas**

1 libra de tomates verdes (tomatillos o tomates de fresadilla) (10, aproximadamente), sin cáscara

½ cebolla blanca, picada

2 dientes de ajo, pelados

1 chile jalapeño grande, sin tallo y desvenado

1 taza de agua

1 cucharadita de sal *kosher*

1 clavo de olor

Hojas de ½ manojo de cilantro, picadas

Un poco amarga y de un color verde brillante, es una de las salsas mexicanas esenciales y no podría prepararse más rápida y fácilmente. Úsala con cualquier preparación de cerdo (puerco o chancho), pollo o queso. Es un ingrediente clave en las Albóndigas de cerdo en salsa verde con chicharrón (página 76).

En la Instant Pot, mezcla los tomates verdes, la cebolla, los ajos, el jalapeño, el agua, la sal y el clavo de olor.

Asegura la tapa y establece la liberación de presión en **Sealing (Sellar)**. Presiona **Pressure Cook (Cocción a presión)** y fija el tiempo de cocción en 3 minutos.

Cuando termine el programa de cocción, presiona **Cancel (Cancelar)**. Realiza una liberación rápida de presión moviendo la perilla de liberación a **Venting (Ventilar)**.

Abre la olla y agrega el cilantro. Con la licuadora de inmersión, muele la mezcla directamente en la olla, hasta obtener una consistencia suave.

Guárdala en un contenedor tapado y refrigérala hasta por 3 días, o congélala hasta por 3 meses.

### POR QUÉ FREÍR UNA SALSA

Esta técnica marca la diferencia en la auténtica gastronomía mexicana. Se fríe un puré de chile en una pequeña cantidad de grasa para desarrollar y concentrar los sabores mientras revuelves (y revuelves y revuelves), evaporar el exceso de líquido, cambiar el color y modificar dramáticamente el sabor final. Es un paso esencial en todos los moles y en varios guisados, como el Chileajo oaxaqueño (página 86). Usa una olla profunda y angosta (la Instant Pot es ideal si no está ocupada), y una rejilla, pues la salsa salpicará como lava conforme se espese.

# SALSA ROJA

Esta salsa clásica para enchiladas se usa en muchos otros platillos. Yo se la añado a la masa para tamales (página 93), a los burritos (página 117) y al relleno para tamales. Se utiliza en varias recetas más en este libro, particularmente en la Sopa de enchilada de pollo (página 25) y las Costillas al estilo Ciudad de México con chile poblano (página 62). Y se prepara en la Instant Pot en solo 15 minutos.

---

Presiona **Sauté-normal/medium (Saltear-normal/medio)** en la Instant Pot y caliente el aceite. Agrega los chiles y cocínalos, moviendo frecuentemente durante 2 minutos, hasta que se suavicen. Añade la cebolla, el ajo, los jitomates, el orégano, el comino, el clavo de olor y la pimienta, y cocínalos, moviendo ocasionalmente de 3 a 5 minutos, hasta que se suavice la cebolla. Presiona **Cancel (Cancelar)**. Incorpora el agua y la sal.

Asegura la tapa y establece la liberación de presión en **Sealing (Sellar)**. Presiona **Pressure Cook-normal (Cocción a presión-normal)** y fija el tiempo de cocción en 5 minutos.

Cuando termine el programa de cocción, presiona **Cancel**. Realiza una liberación rápida de presión moviendo la perilla de liberación a **Venting (Ventilar)**. Abre la olla y déjala enfriar durante 5 minutos.

Coloca un colador de metal sobre un tazón grande. Aunque tengas que hacerlo en partes, muele la mezcla en la licuadora hasta obtener una consistencia muy, muy suave. Luego vierte el puré en el colador. Desecha los sólidos.

Pasa la salsa a un contenedor hermético y déjala enfriar a temperatura ambiente. Guárdala en un contenedor tapado y refrigérala hasta por 3 días, o congélala hasta por 3 meses.

**NOTA** Esta salsa es moderadamente picante. Para prepararla más picante, sustituye los chiles guajillo por chiles California, o añade 1 chile de árbol.

Si la salsa se separa después de congelarla y descongelarla, mézclala en la licuadora.

## Rinde 6 tazas

1 cucharada de aceite vegetal

16 chiles California, sin tallo, desvenados y troceados (3½-4 tazas, compactas)

1 cebolla blanca o amarilla pequeña, picada (1 taza, aproximadamente)

4 dientes de ajo grandes, rebanados

2 jitomates *saladette* (tomates Roma o guaje), sin centro y picados

1 cucharadita de orégano mexicano seco

½ cucharadita de comino molido

1 clavo de olor

½ cucharadita de pimienta negra, recién molida

6 tazas de agua o caldo de pollo

1 cucharada de sal *kosher*

# SALSA DE CHIPOTLE Y TOMATE VERDE

**Rinde 4½ tazas**

1 cucharada de aceite vegetal

4 dientes de ajo grandes, pelados

1 taza de cebolla blanca o amarilla, picada

1 libra de tomates verdes (tomatillos o tomates de fresadilla) (10, aproximadamente), troceados y sin cáscara

4 jitomates *saladette* (tomates Roma o guaje), sin centro y cortados en cuartos

½ taza de agua

2½ cucharaditas de sal *kosher*

¼ de taza de chiles chipotle en adobo

¼ de taza de hojas de cilantro fresco, picadas

Esta salsa tiene el sabor ahumado de los chipotles en adobo. Se prepara en cuestión de minutos y puedes licuarla dentro de la misma Instant Pot. Sírvela como salsa de mesa para remojar totopos (chips de tortilla), encima de los burritos (página 117) o como sustituto de cualquier salsa en este libro.

Presiona **Sauté-normal/medium (Saltear-normal/medio)** en la Instant Pot y calienta el aceite. Agrega el ajo y la cebolla, y cocínalos removiendo durante alrededor de 1 minuto. Añade los tomates verdes y los jitomates, y cocínalos moviendo ocasionalmente por 2 minutos, hasta que se suavicen un poco. Presiona **Cancel (Cancelar)**. Incorpora el agua y la sal.

Asegura la tapa y establece la liberación de presión en **Sealing (Sellar)**. Presiona **Pressure Cook (Cocción a presión)** y fija el tiempo de cocción en 3 minutos.

Cuando termine el programa de cocción, presiona **Cancel**. Realiza una liberación rápida de presión moviendo la perilla de liberación a **Venting (Ventilar)**.

Abre la olla y agrega los chiles chipotle. Con la licuadora de inmersión, muele la mezcla directamente en la olla hasta obtener una consistencia más o menos suave; está bien conservar un poco de textura. Alternativamente, pasa la mezcla por la licuadora normal y pulsa algunas veces. (El contenido está caliente, así que no llenes tu licuadora más allá de la mitad, y pulsa con cuidado. Tal vez necesites hacerlo en partes). Agrega el cilantro y licua algunas veces para mezclar. Prueba y rectifica la sazón con sal, si es necesario.

Guarda en un contenedor tapado y refrigera hasta por 3 días, o congela hasta por 3 meses.

NOTA   Para tener una salsa con más jitomates, usa solo 8 onzas de tomates verdes e incrementa los jitomates a 6.

Agrega ¼ de cucharadita de orégano mexicano seco junto con la cebolla y el ajo.

# SALSA DE TOMATE VERDE FRESCO

La salsa verde (página 140) cocida es común, pero esta versión, hecha con tomates verdes crudos, añade un toque fresco de acidez y un poco de picor a cualquier alimento suculento o grasoso, como Carnitas, huevos, filetes de res o camarones, y a cualquier preparación con queso.

En el procesador de alimentos, mezcla todos los ingredientes y pulsa hasta obtener una consistencia parcialmente suave; 10 pulsos aproximadamente. La salsa no debe quedar totalmente líquida. Pasa a un tazón, prueba y rectifica la sazón con sal, si es necesario. La salsa debe estar bien sazonada.

Sirve de inmediato o guarda en un contenedor tapado y refrigera hasta por 1 día. Antes de servir, prueba y rectifica la sazón con sal, si es necesario.

## VARIACIÓN

Para preparar salsa de tomate verde y piña, añade ¼ de taza de piña fresca cortada al procesador de alimentos con los demás ingredientes.

**Rinde 1½ tazas, aproximadamente**

8 onzas de tomates verdes (tomatillos o tomates de fresadilla), troceados y sin cáscara

⅓ de cebolla blanca, picada

1–2 chiles serranos, sin tallo

Hojas de 6 tallos de cilantro

1¼ cucharaditas de sal *kosher*

# SALSA DE CHILE HABANERO # 1

**Rinde 2 tazas**

1½ tazas de agua

1 taza de chiles de árbol, sin tallo

3 chiles habaneros, sin tallo

2 dientes de ajo grandes, pelados

1½ cucharaditas de sal *kosher*

2 cucharaditas de vinagre de cidra

Ninguna mesa mexicana está completa sin una salsa intensamente picante. Agrégala en cantidades pequeñas para personalizar el nivel de picor de tus alimentos. Estas dos salsas son diferentes, una es agria, con un chorrito de vinagre, y la otra solo es picante.

En la Instant Pot, mezcla el agua, los chiles de árbol, los chiles habaneros, los ajos y la sal. Asegura la tapa y establece la liberación de presión en **Sealing (Sellar)**. Presiona **Pressure Cook (Cocción a presión)** y fija el tiempo de cocción en 5 minutos.

Cuando termine el programa de cocción, presiona **Cancel (Cancelar)**. Realiza una liberación rápida de presión moviendo la perilla de liberación a **Venting (Ventilar)**. Abre la olla y pasa el contenido a la licuadora. Agrega el vinagre y licúa hasta obtener una consistencia suave.

Guarda en un contenedor de vidrio limpio con tapa, y refrigera hasta por 1 semana.

# SALSA DE CHILE HABANERO # 2

**Rinde 2 tazas**

1 taza de agua

4 jitomates *saladette* (tomates Roma o guaje), sin centro

3 chiles habaneros, sin tallo

1 cucharadita de sal *kosher*

En la Instant Pot, mezcla todos los ingredientes. Asegura la tapa y establece la liberación de presión en **Sealing (Sellar)**. Presiona **Pressure Cook (Cocción a presión)** y fija el tiempo de cocción en 4 minutos.

Cuando termine el programa de cocción, presiona **Cancel (Cancelar)**. Realiza una liberación rápida de presión moviendo la perilla de liberación a **Venting (Ventilar)**. Pasa el contenido de la olla a la licuadora y muele hasta obtener una consistencia suave.

Guarda en un contenedor de vidrio limpio con tapa, y refrigera hasta por 1 semana.

# SALSA DE CHILE ANCHO

**Rinde 4 tazas**

1 cucharada de aceite vegetal

3 chiles anchos, sin tallo, desvenados y troceados

3 chiles guajillo, sin tallo, desvenados y troceados

1 cebolla blanca o amarilla pequeña, picada

2 dientes de ajo grandes, rebanados

1 jitomate *saladette* (tomate Roma o guaje), sin centro y cortado en cuartos

5 tomates verdes (tomatillos o tomates de fresadilla), troceados y sin cáscara

1 cucharadita de sal *kosher*

½ cucharada de pimienta negra, recién molida

½ cucharadita de orégano mexicano seco

2 tazas de agua

Esta excelente salsa se utiliza en el Pollo en salsa de chile ancho (página 45), pero también es una buena opción para enchiladas, burritos, chiles poblanos rellenos (página 106), para servir con huevos y tortillas, o como sustituto de la Salsa roja (página 141) en cualquier receta. La mezcla de los chiles secos con los tomates verdes le da un sabor ácido y complejo.

---

Presiona **Sauté-normal/medium (Saltear-normal/medio)** en la Instant Pot y calienta el aceite. Agrega los chiles anchos, los chiles guajillo, la cebolla y el ajo. Cocínalos, moviendo ocasionalmente durante alrededor de 2 minutos, hasta que se suavice la cebolla. Agrega el jitomate, los tomates verdes, la sal, la pimienta y el orégano, y cocínalos, moviendo por 2 minutos, hasta que se suavicen ligeramente. Presiona **Cancel (Cancelar)**. Añade el agua.

Asegura la tapa y establece la liberación de presión en **Sealing (Sellar)**. Presiona **Pressure Cook-normal (Cocción a presión-normal)** y fija el tiempo de cocción en 5 minutos.

Cuando termine el programa de cocción, presiona **Cancel**. Realiza una liberación rápida de presión moviendo la perilla de liberación a **Venting (Ventilar)**. Abre la olla y deja enfriar durante 5 minutos.

Con la licuadora de inmersión, muele la mezcla directamente en la olla hasta obtener una consistencia más o menos suave; está bien que conserve un poco de textura.

Guarda en un contenedor tapado, y refrigera hasta por 3 días.

# SALSA DE CHIPOTLE Y QUESO

Esta es una buena salsa si deseas variar el repertorio y aventurarte más allá de las recetas más tradicionales. Úsala en enchiladas (página 55) y burritos (página 117), e incluso sobre pavo o pollo. Las salsas cremosas pueden ser un poco complicadas, pero el calor controlado y uniforme de la Instant Pot garantiza un resultado excelente. Prepárala picante a tu gusto, añadiendo más (o menos) chipotles en adobo.

---

Presiona **Sauté-normal/medium (Saltear-normal/medio)** en la Instant Pot y calienta el aceite y la mantequilla. Cuando se haya derretido la mantequilla, agrega la cebolla, el ajo y los chiles chipotle, y cocínalos, moviendo frecuentemente por alrededor de 5 minutos, hasta que se suavice la cebolla. Añade la harina y cocina, moviendo y raspando el fondo de la olla por alrededor de 1 minuto. Incorpora el caldo, la sal y la pimienta, y espera a que hierva, batiendo constantemente. Agrega la leche y la crema, y cocina, moviendo frecuentemente durante 5 minutos, hasta que la mezcla esté suave y espesa. Incorpora el queso crema y bate hasta obtener una consistencia suave. Presiona **Cancel (Cancelar)**.

Coloca un colador de metal sobre un tazón. Usando guantes para horno, saca la olla interna de la Instant Pot y cuela la salsa. Agrega el queso cheddar y el queso Cotija a la salsa colada y bate hasta obtener una consistencia suave. Sirve caliente.

Guarda las sobras en un contenedor hermético y refrigera hasta por 1 día. Para servir, recalienta poco a poco en una olla a fuego bajo, moviendo frecuentemente.

## VARIACIÓN

Decora lo que sirvas con hojas de cilantro o cebollitas de cambray (cebolletas o cebollín) rebanadas finamente. Agrega hongos salteados y sirve con Pavo al tequila (página 50) y arroz.

**Rinde 4 tazas**

1 cucharada de aceite de oliva

2 cucharadas de mantequilla

½ cebolla blanca o amarilla pequeña, picada finamente

3 dientes de ajo grandes, picados finamente

3 chiles chipotle en adobo, picados finamente hasta formar una pasta

3 cucharadas de harina de trigo

1 taza de caldo de pollo

1 cucharada de sal *kosher*

1½ cucharaditas de pimienta negra, recién molida

1½ tazas de leche entera

½ taza de crema espesa

2 cucharadas de queso crema

1½ tazas de queso cheddar medio añejo, rallado

¼ de taza de queso Cotija, rallado

# ENCURTIDO DE JALAPEÑOS Y ZANAHORIAS

Este plato picante y ácido es esencial para tacos, pero también sabe muy bien en sándwiches, hamburguesas, ensaladas o como botana. Dado que las zanahorias absorben el picor de los chiles a través del líquido de la cocción, tienden a ser más picantes que los propios chiles. ¿Quieres que piquen todavía más? Agrega un par de chiles habaneros cortados a la mitad. La lista de ingredientes es larga, pero el tiempo de cocción en la Instant Pot es muy corto: menos de 10 minutos.

---

Presiona **Sauté-normal/medium (Saltear-normal/medio)** en la Instant Pot y calienta el aceite. Agrega las zanahorias, la cebolla, el ajo, la sal, la pimienta, el orégano, el cilantro, los clavos de olor, la pimienta gorda, el laurel y la canela. Cocina, moviendo ocasionalmente por cerca de 5 minutos, hasta sentir el aroma. Añade los jalapeños, el vinagre de manzana y el vinagre blanco, y revuelve.

Asegura la tapa y establece la liberación de presión en **Sealing (Sellar)**. Presiona **Pressure Cook (Cocción a presión)** y fija el tiempo de cocción en 2 minutos.

Cuando termine el programa de cocción, presiona **Cancel (Cancelar)**. Realiza una liberación rápida de presión moviendo la perilla de liberación a **Venting (Ventilar)**. Abre la olla, incorpora la miel de agave y permite que se enfríe a temperatura ambiente.

Guarda en un contenedor de vidrio con tapa y refrigera hasta por 1 mes.

**NOTA** Prueba agregar otras verduras firmes y crudas en lugar de zanahorias, por ejemplo, 1 taza de floretes de coliflor pequeños o 1 taza de chayote pelado y cortado en cubos.

## Rinde 4 tazas

2 cucharadas de aceite de oliva

4 zanahorias grandes, peladas y cortadas en rebanadas diagonales de 1 pulgada de grosor

½ cebolla blanca, cortada en rebanadas de ½ pulgada de grosor

4 dientes de ajo grandes, rebanados

1 cucharada de sal *kosher*

1 cucharadita de granos de pimienta negra, ligeramente molidos

1 cucharadita de orégano mexicano seco

1 cucharadita de semillas de cilantro, ligeramente molidas

6 clavos de olor

3 pimientas gordas (de Jamaica), ligeramente molidas

2 hojas de laurel

1 raja de canela de 1 pulgada

1 libra de chiles jalapeños (10, aproximadamente), con tallos

2 chiles habaneros, sin tallos y cortados a la mitad (opcional)

2 tazas de vinagre de cidra

1 taza de vinagre blanco destilado

2 cucharadas de miel de agave (pita o maguey)

# SALSA DE AGUACATE Y TOMATE VERDE

**Rinde 1 taza, aproximadamente**

1 aguacate maduro, cortado a la mitad, sin hueso y pelado

2 tomates verdes (tomatillos o tomates de fresadilla), troceados y sin cáscara

¼ de taza de cebolla blanca, picada

½ chile serrano, sin tallo

1 cucharada de agua

½ cucharadita de sal *kosher*

Hojas de 2 tallos de cilantro, picadas (opcional)

Cada taquería ofrece alguna variedad de esta sencilla salsa. Es esencial en preparaciones a la parrilla y muchas veces se sirve con Carnitas y Tacos al pastor.

En un procesador de alimentos, muele el aguacate, los tomates verdes, la cebolla, el chile serrano, el agua y la sal. Pulsa hasta obtener una consistencia suave (10 pulsos, aproximadamente), raspando los costados del tazón si es necesario. Agrega el cilantro (si lo usas) y pulsa un par de veces más para mezclar. Pasa la salsa a un tazón, prueba y rectifica la sazón con sal, si es necesario.

Guarda en un contenedor tapado y refrigera hasta por 1 día.

# GUACAMOLE

**Rinde 2 tazas, aproximadamente**

2 aguacates Hass grandes y maduros, cortados a la mitad, sin hueso, pelados y cortados en cubos de 1 pulgada

2 cucharadas de jugo de limón, recién exprimido

1 cucharadita de sal *kosher*

2 cucharaditas de chile serrano, picado finamente

2 cucharadas de cebolla blanca, picada finamente

1 jitomate *saladette* (tomate Roma o guaje), sin semillas y cortado en cubos

El guacamole siempre se debe machacar a mano. ¡Nunca lo prepares en un procesador de alimentos o una licuadora! Si lo haces, amargarás el aguacate. Su textura debe ser granulada.

Pon el aguacate en un recipiente pequeño e incorpora el jugo de limón y la sal. Agrega el chile serrano, la cebolla y el tomate, y aplasta la mezcla con un tenedor hasta mezclar los ingredientes, pero dejando grumos.

Sirve de inmediato. (Para guardar las sobras, cubre con una lámina de plástico adherible y refrigera hasta por 1 día).

# ENSALADA DE COL PARA TACOS

Esta colorida ensalada cremosa y crujiente es una variación de la lechuga o la col picada con que comúnmente se sirven los tacos. En particular, me gusta con mariscos o Carnitas, o con cualquier platillo caldoso. Ajusta la cantidad de azúcar, vinagre y chile para complementar el relleno de los tacos que acompañará.

----

En un tazón pequeño, mezcla bien la mayonesa, los jugos de limón y de limón amarillo, el vinagre, la sal y el azúcar (al gusto).

En otro tazón, mezcla la col verde, la col morada, la zanahoria, las cebollitas de cambray, los rábanos (si los usas), el cilantro, el chile serrano (al gusto) y las pepitas (si las usas). Agrega la mezcla de mayonesa y revuelve hasta incorporar bien. Sirve de inmediato o guarda en un contenedor tapado y refrigera hasta por 2 días.

**Rinde 3 tazas, aproximadamente**

½ taza de mayonesa

1 cucharada de jugo de limón, recién exprimido

1 cucharada de jugo de limón amarillo (Eureka), recién exprimido

2 cucharaditas de vinagre de sidra

½ cucharadita de sal *kosher*

1–2 cucharaditas de azúcar

2 tazas de col verde (repollo verde), cortada finamente en julianas

1 taza de col morada (repollo morado), cortada finamente en julianas

½ taza de zanahorias, peladas y ralladas

2 cebollitas de cambray (cebolletas o cebollín), rebanadas finamente, solo la parte verde

⅓ de taza de rábanos rebanados (opcional)

½ taza de hojas de cilantro fresco, picadas

1–2 chiles serranos, sin tallo, picados finamente

½ taza de pepitas (semillas de calabaza sin cáscara), tostadas (opcional)

# SALSA RANCHERA

**Rinde 4 tazas**

1 cucharada de aceite de oliva

1 cebolla blanca o amarilla pequeña, picada

3 dientes de ajo grandes, picados

2 chiles Anaheim (chilacas), sin tallo, desvenados y picados

1 chile jalapeño, picado finamente

1½ cucharaditas de comino molido

1 cucharadita de sal *kosher*

1 cucharadita de pimienta negra, recién molida

1 lata de 14½ onzas de dados de jitomates (tomates) asados, molidos en la licuadora con su líquido

2 jitomates *saladette* (tomates Roma o guaje), sin centro ni semillas, picados

La salsa ranchera se prepara rápidamente —en menos de 10 minutos— en la Instant Pot. Los chiles Anaheim y los jitomates asados le dan un poco de picor y textura, mientras que los jitomates *saladette* le agregan frescura. Aunque la salsa ranchera se conoce como la estrella de los huevos rancheros, también es maravillosa con burritos (página 117) o enchiladas (página 55).

---

Presiona **Sauté-normal/medium (Saltear-normal/medio)** en la Instant Pot y calienta el aceite. Agrega la cebolla, el ajo, los chiles Anaheim y el chile jalapeño, y cocínalos, moviendo ocasionalmente durante alrededor de 2 minutos, hasta que se ablanden ligeramente. Añade el comino, la sal y la pimienta, y cocina, removiendo por 2 minutos más, hasta que se suavicen las verduras. Incorpora el puré de jitomate y presiona **Cancel (Cancelar)**.

Asegura la tapa y establece la liberación de presión en **Sealing (Sellar)**. Presiona **Pressure Cook (Cocción a presión)** y fija el tiempo de cocción en 1 minuto.

Cuando termine el programa de cocción, presiona **Cancel**. Realiza una liberación rápida de presión moviendo la perilla de liberación a **Venting (Ventilar)**. Abre la olla, presiona **Sauté-high (Saltear-alto)** y agrega los jitomates frescos picados. Espera a que hierva y cocina la salsa, moviendo ocasionalmente durante 3 a 5 minutos, hasta que espese.

Sirve de inmediato o guarda en un contenedor y permite que se enfríe a temperatura ambiente. Tapa y refrigera hasta por 3 días.

# SALSA DE CHIPOTLE Y AJO

Esta salsa moderadamente picante, preparada en el procesador de alimentos, es ideal para tacos, pero terminarás utilizándola en todo, desde papas fritas (en el horno) hasta huevos revueltos. Puedes duplicar o cuadruplicar esta receta fácilmente. Sólo asegúrate de ajustar los condimentos; la salsa debe tener mucho sabor.

En un procesador de alimentos pequeño, mezcla el ajo y los chiles chipotle. Pulsa hasta molerlos finamente y luego procésalos hasta obtener una consistencia suave, raspando los costados del tazón si es necesario. Agrega la mayonesa, el jugo de limón y la sal, y procésalos para mezclar bien, raspando los costados del tazón si es necesario.

Guarda en un contenedor tapado y refrigera hasta por 3 días.

**Rinde ¾ de taza**

1 diente de ajo grande, pelado

2 chiles chipotle en adobo

½ taza de mayonesa

1 cucharadita de jugo de limón, recién exprimido

½ cucharadita de sal *kosher*

# CALDO DE POLLO DESHEBRADO UNO-DOS-TRES

**Rinde 3 tazas de pollo deshebrado y 8 tazas de caldo**

1 jitomate *saladette* (tomate Roma o guaje)

½ cebolla blanca grande, con la punta de la raíz intacta, pelada

1 chile California, sin tallo y desvenado

1 cucharada de aceite vegetal

2½ libras de muslos de pollo, sin hueso y sin piel

1 hoja de laurel

1 cucharadita de granos de pimienta negra

1 clavo de olor

1 baya de pimienta (de Jamaica)

½ cucharadita de orégano mexicano seco, o mejorana

½ cucharadita de semillas de comino

½ cucharadita de semillas de cilantro (opcional)

¼ de cucharadita de anís (opcional)

8 tazas de agua

2 cucharaditas de sal *kosher*

½ diente de ajo, cortado a la mitad, transversalmente

1 zanahoria pequeña, pelada y rebanada

½ tallo de apio, retorcido para aplastarlo

2 tallos de perejil o cilantro, triturados

Esta rápida receta te ofrece dos por el precio de uno: suficiente pollo deshebrado para tacos, enchiladas, tamales y burritos, y un caldo suculento, con mucho sabor. Puedes usar el caldo como base para una gran variedad de sopas de pollo, como la Sopa de tortilla con pollo (página 16). Yo prefiero usar pollo con hueso y piel porque da más sabor. No añadas mucha sal, pues quizás necesites reducir el caldo en algunas recetas.

---

Cubre el fondo de la olla interna en la Instant Pot con una hoja de papel de aluminio y presiona **Sauté-high (Saltear-alto)**. Agrega el jitomate y la cebolla, y cocínalos volteándolos lo menos posible durante 7 a 10 minutos, hasta que se quemen por todos lados y el jitomate esté suave. Pásalos a un plato y tuesta ligeramente el chile por ambos lados, durante alrededor de 1 minuto. Pasa el chile al plato, retira con cuidado el papel de aluminio y deséchalo.

Agrega el aceite a la Instant Pot. Aunque tengas que hacerlo en partes, acomoda el pollo en una sola capa y cocínalo por alrededor de 5 minutos, hasta que se dore ligeramente. Con ayuda de unas pinzas, voltea el pollo y cocínalo 2 minutos más, hasta que se dore ligeramente por el otro lado. Pásalo a un tazón. Añade la hoja de laurel, la pimienta, el clavo de olor, la pimienta gorda, el orégano, el comino, las semillas de cilantro (si las usas) y el anís (si lo usas), y cocina, moviendo constantemente por alrededor de 1 minuto. Presiona **Cancel (Cancelar)**.

Agrega el jitomate asado a la olla y tritúralo hasta formar una pasta, con ayuda de una cuchara. Vierte el agua y agrega la cebolla asada, el chile asado, la sal, el ajo, la zanahoria, el apio y el perejil. Con ayuda de una cuchara de madera, raspa cualquier parte dorada que se adhiera al fondo de la olla.

Asegura la tapa y establece la liberación de presión en **Sealing (Sellar)**. Presiona **Meat/Stew (Carne/Estofado)** y fija el tiempo de cocción en 15 minutos.

Cuando termine el programa de cocción, presiona **Cancel**. Realiza una liberación rápida de presión moviendo la perilla de liberación a **Venting (Ventilar)**. Abre la olla y deja reposar por al menos 30 minutos.

Pasa el pollo a un plato. Cuando esté lo suficientemente frío para manipularlo, retira y desecha la piel y los huesos y deshebra la carne en trozos pequeños. Guarda en un contenedor. Coloca un colador de metal sobre un tazón grande. Usa guantes para horno si los necesitas y saca la olla interna de la Instant Pot para colar el caldo. Desecha los sólidos.

Sirve ½ taza de caldo, aproximadamente, encima del pollo para mantener la carne húmeda, tapa el contenedor y refrigéralo hasta por 2 días. Puedes refrigerar el caldo en un contenedor hermético hasta por 3 días, o congelarlo hasta por 3 meses.

# CALDO DE CARNE DE RES DESHEBRADA UNO-DOS-TRES

**Rinde 3 tazas de carne de res deshebrada y 7 tazas de caldo, aproximadamente**

1 cucharada de aceite vegetal

2 libras de aguayón (*top round*), o carne para estofado, con grasa y cortado en cubos de 2 pulgadas

1½ libras de chambarete de res (*beef shank*), o huesos para caldo de res

1 cebolla blanca grande, cortada en cuartos

2 jitomates *saladette* (tomates Roma o guaje), enteros

1 zanahoria pelada, cortada transversalmente en 4 piezas

6 dientes de ajo, pelados

½ chile jalapeño, sin tallo y desvenado

2 hojas de laurel

2 cucharaditas de granos de pimienta negra

2 pimientas gordas (de Jamaica)

1 clavo de olor

2 tallos de epazote o perejil (opcional)

6 tazas de agua

1 cucharadita de sal *kosher*

Al igual que la preparación de pollo Uno-Dos-Tres (página 154), esta sencilla receta produce una gran cantidad de carne de res deshebrada (para tacos, machaca, enchiladas y burritos) y un caldo suculento para sopas o guisados. Para obtener el mejor sabor y color, dora bien la carne y las verduras. Si puedes conseguir epazote fresco (página 12), le añadirá una nota herbal interesante.

En una sartén grande y pesada, calienta el aceite vegetal a fuego medio-alto. Aunque tengas que hacerlo en partes, acomoda la carne en una sola capa y cocínala durante alrededor de 4 minutos por cada lado, hasta que esté dorada por todas partes. Pasa la carne a la Instant Pot conforme esté lista. Cuando haya suficiente espacio en la sartén, agrega el chambarete y cocínalo durante 5 minutos por cada lado, hasta que se dore. Pasa el chambarete a la Instant Pot.

Agrega los cuartos de cebolla y los jitomates a la sartén, y cocínalos por alrededor de 5 minutos, volteándolos una o dos veces hasta que se suavicen. Pásalos a la Instant Pot.

Añade a la sartén la zanahoria, el ajo, el chile jalapeño, el laurel, la pimienta, las pimientas gordas, el clavo de olor y el epazote (si lo usas), y cocina moviendo ocasionalmente durante alrededor de 5 minutos, hasta que el ajo esté ligeramente dorado y las especias suelten su aroma. Vierte 2 tazas de agua en la sartén y, con ayuda de una cuchara de madera, raspa cualquier parte dorada que se adhiera al fondo de la olla. Vierte la mezcla en la Instant Pot. Agrega las otras 4 tazas de agua y la sal.

Asegura la tapa y establece la liberación de presión en **Sealing (Sellar)**. Presiona **Pressure Cook (Cocción a presión)** y fija el tiempo de cocción en 25 minutos.

Cuando termine el programa de cocción, presiona **Cancel (Cancelar)**. Realiza una liberación rápida de presión moviendo la perilla de liberación a **Venting (Ventilar)**. Abre la olla y deja enfriar durante 1 hora.

Con ayuda de unas pinzas, pasa la carne a un plato. Quita los huesos al chambarete y deséchalos. Coloca un colador de metal sobre un tazón grande. Saca la olla interna de la Instant Pot y cuela el caldo. Desecha los sólidos.

Sirve ½ taza de caldo, aproximadamente, encima de la carne, para mantenerla húmeda, tapa y refrigera hasta por 2 días. Puedes refrigerar el caldo en un contenedor hermético hasta por 3 días, o congelarlo hasta por 3 meses.

### VARIACIÓN

Añade ½ taza de vino tinto, cerveza o Coca-Cola a la sartén en lugar de ½ taza de agua.

# TORTILLAS DE MAÍZ

**Rinde 18 tortillas de 5 pulgadas**

3 tazas de harina de maíz (ve la Nota)

2 cucharaditas de sal *kosher*

2 tazas de agua tibia, más la necesaria

1 cucharada de aceite vegetal

Nada les gana a unas tortillas recién hechas, especialmente cuando son caseras y asadas en tu propia plancha. Con un poco de práctica, dominarás la técnica.

En un tazón grande, mezcla la harina, la sal, el agua y el aceite. Con ayuda de una cuchara de madera, o con tus manos, une la mezcla hasta formar una masa suave y húmeda que no se pegue a tus manos. Si está demasiado seca, añade más agua, 1 cucharada a la vez, trabajando la masa con tus manos. La consistencia perfecta es parecida a la plastilina.

Divide la masa en 18 porciones iguales. Con tus manos, forma una bola con cada porción. Cúbrelas con una toalla de cocina limpia para evitar que se sequen.

Calienta una plancha pesada o una sartén grande y pesada a fuego alto. Forra la prensa para tortillas con un cuadrado recortado de una bolsa de plástico. Aplana la bola ligeramente entre tus manos, acomódala en el tortillero, tápala con un segundo cuadrado de plástico, cierra la prensa y aplica presión hasta que la masa forme un círculo de 5 pulgadas de diámetro y aproximadamente ⅛ de pulgada de grosor.

Abre la prensa. Sostén en una mano la tortilla (todavía sobre el plástico), despega la capa superior y resérvala. Voltea la tortilla en la palma de tu otra mano, despega la otra capa de plástico y reserva. Coloca la tortilla en la parrilla caliente y cocínala por alrededor de 2 minutos, o hasta que la parte de abajo tenga algunas marcas oscuras y la parte de arriba parezca un poco seca. Con ayuda de una espátula, voltea la tortilla y cocínala del otro lado por 1 ó 2 minutos, hasta que la tortilla esté firme. Pasa la tortilla a una canasta cubierta con una toalla de cocina (o envuélvela en papel de aluminio) para mantenerla caliente. Repite la operación con las demás bolas, reutilizando los cuadrados de plástico y apilando las tortillas conforme estén listas.

Sirve las tortillas calientes, envueltas en una toalla de cocina limpia o en papel de aluminio. Puedes cubrir las tortillas sobrantes con una lámina de plástico adherible y refrigerarlas hasta por 1 día. Recaliéntalas en una sartén seca a fuego medio, durante alrededor de 1 minuto por cada lado, hasta que se ablanden y estén flexibles, aunque las tortillas recalentadas nunca serán tan suaves como las recién hechas.

NOTA  Prefiero el sabor y la textura de las tortillas preparadas con harina marca Maseca.

## VARIACIÓN

Para preparar tortillas verdes, muele en el procesador de alimentos 3 chiles jalapeños, sin tallo y desvenados, hasta que estén picados finamente. Pásalos a un tazón grande. Agrega las hojas picadas de 1 manojo de cilantro al procesador de alimentos, junto con 1 diente de ajo pelado y 2 cucharaditas de sal *kosher*. Pulsa hasta que el cilantro y el ajo estén picados finamente (10 pulsos, aproximadamente). Añade 1 taza de agua y procesa el puré por unos 10 segundos. Pasa la mezcla al tazón con los jalapeños y agrega 1 taza más de agua y ⅓ de taza de aceite vegetal.

Agrega 3 tazas de harina de nixtamal al tazón y revuélvelo con una cuchara de madera, o con tus manos, hasta formar una masa suave y húmeda que no se pegue a tus manos. Si está demasiado seca, añade más agua, 1 cucharada a la vez, trabajando la masa con tus manos. La consistencia perfecta es parecida a la plastilina Play-Doh.

Procede a dar forma, cocinar y servir las tortillas siguiendo las instrucciones de la receta de tortillas de maíz.

# capítulo 7

# POSTRES

# FLAN

**Rinde 6–8 porciones**

½ taza de azúcar

5 huevos grandes

1 lata de 12 onzas de leche condensada endulzada

1 lata de 14 onzas de leche evaporada

¼ de taza de queso crema a temperatura ambiente

1 cucharadita de extracto de vainilla

¼ de cucharadita de sal *kosher*

Moras frescas, para decorar

Crema batida, para acompañar (opcional)

Puede ser un poco difícil preparar flan en un horno convencional, pero en la Instant Pot se cuece de maravilla y rápidamente. Mi receta contiene un poco de queso crema para darle más sabor y una textura más suave, y crea su propia salsa mientras reposa en el refrigerador. Me gusta el toque teatral de servir un flan grande en un platón, rodeado de moras frescas.

---

Engrasa con aceite vegetal un molde redondo de 7 pulgadas.

Pasa el azúcar a una olla pequeña y caliéntala a fuego medio-bajo. Cocina durante alrededor de 3 a 5 minutos, hasta que se dore, moviendo ocasionalmente con una espátula de silicona cuando se empiece a derretir. Con mucho cuidado, vierte el caramelo en el molde preparado y, con guantes para horno, mueve el molde para cubrir uniformemente el fondo.

En la licuadora, bate los huevos, la leche condensada, la leche evaporada, el queso crema, la vainilla y la sal, hasta obtener una consistencia suave. Deja reposar durante 5 minutos. Con una cuchara, quita y desecha la espuma que se haya formado en la superficie. Vierte la mezcla en el molde con caramelo y cúbrelo con papel de aluminio.

Vierte 2 tazas de agua en la Instant Pot. Coloca el molde cubierto sobre la rejilla de metal. Toma las asas e introduce la rejilla en la Instant Pot.

Asegura la tapa y establece la liberación de presión en **Sealing (Sellar)**. Presiona **Pressure Cook (Cocción a presión)** y fija el tiempo de cocción en 15 minutos.

Cuando termine el programa de cocción, presiona **Cancel (Cancelar)**. Realiza una liberación rápida de presión moviendo la perilla de liberación a **Venting (Ventilar)**. Abre la olla y, con guantes para horno, saca la rejilla de la Instant Pot sujetándola por las asas. Retira con cuidado el papel de aluminio del molde; el centro del flan todavía se verá un poco crudo. Remoja la punta de un cuchillo de hoja corta en agua y pásalo por las orillas del molde para desprender el flan. Déjalo enfriar 20 minutos. Tápalo ligeramente con una película de plástico adherible y refrigéralo al menos por 8 horas, o toda la noche.

CONTINUADO

Para servir, coloca un plato invertido sobre el flan, presiona el molde contra el plato y voltéalos rápidamente. Levanta el molde. Rodea el flan con moras frescas y acompaña con crema batida (si la usas).

### VARIACIÓN

Para preparar un flan de cajeta (dulce de leche), sustituye la leche condensada endulzada por 1 lata de 14 onzas de cajeta (página 164).

## CAJETA O DULCE DE LECHE

**1 lata de 14 onzas de leche condensada endulzada, cerrada, sin etiqueta**

Admito que estaba nerviosa la primera vez que preparé *cajeta (dulce de leche)*, ese caramelo cremoso tan popular en muchos países de Latinoamérica. La idea de meter una lata cerrada en una olla de presión me parecía arriesgada, ¡pero el resultado fue espectacular! Recuerda: la lata debe estar inmersa en el agua y no debe tocar los lados ni el fondo de la olla. No uses latas golpeadas o perforadas y asegúrate de quitarles la etiqueta antes de la cocción.

Introduce la rejilla de metal de asas largas en la Instant Pot. Coloca la lata de leche condensada endulzada encima. Vierte agua hasta llenar la olla a la altura de la marca de 4 litros de la olla interna. La lata debe estar totalmente sumergida, y no debe tocar los costados de la olla interna. Asegura la tapa y establece la liberación de presión en **Sealing (Sellar)**. Presiona **Pressure Cook (Cocción a presión)** y fija el tiempo de cocción en 15 minutos.

Cuando termine el programa de cocción, presiona **Cancel (Cancelar)**. Permite que la presión se libere naturalmente durante 4 horas por lo menos. No abras la olla antes de ese tiempo y no muevas la Instant Pot durante esas horas.

Abre la olla y saca la lata. Refrigérala durante la noche, antes de abrirla.

#### USOS PARA LA CAJETA O DULCE DE LECHE

· Pruébala con leche —o con crema espesa, tequila reposado y vainilla— para preparar una salsa y decorar cualquier postre.

· Úntala entre 2 galletas de mantequilla para preparar un sándwich.

· Sirve una cucharada en el fondo del tazón de arroz con leche (budín de arroz).

# ARROZ CON LECHE

Este postre sencillo—un budín de arroz blanco con crema, leche y azúcar—debe decorarse con fruta fresca. A mí me encanta con fresas rebanadas. El arroz adquirirá una consistencia firme y cremosa después de enfriarse por alrededor de 1 hora. Puedes sustituir la leche entera por leche de almendra o de soya, si evitas los productos lácteos.

En un molde para suflé de 7 pulgadas de diámetro, o un refractario redondo de 7 tazas, mezcla el arroz, el azúcar, la crema, 1½ tazas de leche, la mantequilla, la raja de canela y la sal. Revuelve hasta disolver el azúcar.

Añade 1½ tazas de agua a la Instant Pot. Cubre el molde con papel de aluminio. Coloca el molde cubierto sobre la rejilla de metal. Toma las asas e introduce la rejilla en la Instant Pot.

Asegura la tapa y establece la liberación de presión en **Sealing (Sellar)**. Presiona **Pressure Cook (Cocción a presión)** y fija el tiempo de cocción en 15 minutos.

Cuando termine el programa de cocción, presiona **Cancel (Cancelar).** Realiza una liberación rápida de presión moviendo la perilla de liberación a **Venting (Ventilar)**. Abre la olla y revuelve el budín de arroz, desmoronándolo. Asegura la tapa una vez más y establece la liberación de presión en **Sealing**. Presiona **Pressure Cook** y fija el tiempo de cocción en 10 minutos.

Cuando termine el programa de cocción, presiona **Cancel (Cancelar)**. Permite que la presión se libere naturalmente durante 10 minutos y luego mueve la perilla de liberación a **Venting**, para liberar el vapor restante. Abre la olla y, con guantes para horno, toma las asas y saca la rejilla de la Instant Pot. Retira con cuidado el papel de aluminio del molde. Incorpora la ½ taza de leche restante, la vainilla y la fruta seca (si la usas). El budín estará caldoso, pero se espesará mientras se enfría. Si lo prefieres más ligero, añade un poco más de leche.

Permite que se enfríe por al menos 5 minutos y sírvelo caliente o a temperatura ambiente, decorado con fresas y moras. También es delicioso frío.

CONTINUADO

## Rinde 4–6 porciones

¾ de taza de arroz blanco de grano corto, enjuagado y colado

¼ de taza de azúcar

½ taza de crema espesa

2 tazas de leche entera, más la necesaria

½ cucharadita de mantequilla con sal, derretida

1 raja de canela de 3 pulgadas

⅛ de cucharadita de sal *kosher*

½ cucharadita de extracto de vainilla

¼ de taza de frutos secos, como pasas, arándanos, duraznos o ciruelas pasas picadas (opcional)

Fresas frescas rebanadas, frambuesas frescas, o zarzamoras (zarzas o moras), para decorar

NOTA  Agrega un trozo de cáscara de limón de 2 pulgadas con la raja de canela.

Remoja los frutos secos en 2 cucharadas de jugo de limón o de naranja fresco, vino tinto, tequila o Grand Marnier, por lo menos durante 20 minutos. Cuela y usa como se indica.

Reduce la cantidad de azúcar a 2 cucharadas y espolvorea, antes de servir, piloncillo machacado (página 13). Sirve el arroz con leche con cucharadas de crema batida y decora con nueces tostadas.

Justo antes de servir, decora el arroz con leche con ¼ de taza de coco seco rallado, endulzado y tostado, o con ¼ de taza de chocolate mexicano rallado (página 10).

Pon una cucharada de cajeta (dulce de leche) (página 164) en cada tazón antes de servir el arroz con leche.

# TAMALES DE CHOCOLATE

Cada bizcocho o *brownie*, relleno con queso crema y nueces, se hornea dentro de una hoja de maíz en la Instant Pot. Puedes comer este postre caliente, recién salido de la olla, o frío (mi preferido). Como sucede con cualquier chocolate, entre mejor calidad tenga, mejor será el *brownie*. Revisa la receta maestra de tamales (página 93) para consejos sobre cómo doblar y atar los tamales.

---

Derrite la mantequilla en un tazón resistente al calor, colocado sobre una olla con 1 pulgada de agua hirviendo. Agrega el chocolate y revuelve con una espátula de silicona hasta que se derrita. Añade el café instantáneo y la vainilla. Retira el tazón de la olla y reserva.

En un tazón, bate los huevos y el azúcar con una batidora de mano a velocidad media, durante 5 a 7 minutos, hasta que la mezcla esté pálida y esponjosa. Agrega ½ taza, aproximadamente, del chocolate derretido y bate para incorporar. Añade esta mezcla al resto del chocolate derretido y revuelve bien. Luego agrega la harina y mezcla hasta que no queden grumos. Tapa el tazón y refrigera durante 1 hora.

Corta el queso crema en 12 rebanadas delgadas. Coloca una toalla de cocina húmeda sobre tu superficie de trabajo. Acomoda una hoja de maíz sobre la toalla, con el extremo angosto lejos de ti. Sirve ⅓ de taza de la masa en el centro de la hoja y, con una cucharita, extiéndela uniformemente, dejando un borde de 1 pulgada a los lados, y un borde superior e inferior de 2 pulgadas. Acomoda una rebanada de queso crema en medio y esparce 2 cucharadas de nueces sobre la masa y el queso crema. Dobla los lados de la hoja para cerrar sobre el queso crema, dobla la parte de arriba y la parte de abajo. Usa tiras de hojas de maíz para asegurar el relleno. Forma tamales con el resto de las hojas, la masa, el queso crema y las nueces. Debes dejar hojas para cubrir la rejilla de asas largas.

Vierte 1½ tazas de agua en la Instant Pot e introduce la rejilla. Acomoda una hoja de papel de aluminio sobre la rejilla y cúbrela con un par de hojas de maíz húmedas. Acomoda los tamales en la olla, parados y con la punta hacia arriba.

Asegura la tapa y establece la liberación de presión en **Sealing (Sellar)**. Presiona **Pressure Cook (Cocción a presión)** y fija el tiempo de cocción en 25 minutos.

CONTINUADO

## Rinde 12 porciones

¾ de taza de mantequilla sin sal

1¼ tazas de chispas de chocolate semiamargo de buena calidad

2 cucharaditas de café instantáneo

1 cucharada de extracto de vainilla

4 huevos grandes

1½ tazas de azúcar

1 taza de harina de trigo

½ taza de queso crema, frío

1½ tazas de nueces, picadas

16–18 hojas de maíz grandes, remojadas y escurridas (ver Cómo preparar las hojas de maíz secas, página 97)

Helado de vainilla, para acompañar

Cuando termine el programa de cocción, presiona **Cancel (Cancelar)**. Realiza una liberación rápida de presión moviendo la perilla de liberación a **Venting (Ventilar)**. Abre la olla y deja reposar los tamales durante 5 minutos.

Con ayuda de unas pinzas, pasa los tamales a platos individuales. Parecerán suaves al principio, pero adquirirán una consistencia firme cuando se enfríen. Sírvelos calientes, todavía atados, con helado aparte, o ábrelos y sirve el helado encima.

**NOTA** Para una textura más ligera, agrega 1 cucharadita de polvo para hornear en la harina antes de incorporarla a la mezcla de chocolate y huevo.

# BUDÍN DE CHURROS

**Rinde 6–8 porciones**

### BUDÍN

3 churros del día anterior, cortados en trozos de 1 pulgada (2 tazas, aproximadamente)

3 tazas de pan blanco duro, cortado en trozos de 1 pulgada

½ taza de azúcar granulado

1 cucharada de canela molida

¼ de cucharadita de sal *kosher*

2 huevos grandes

1 cucharada de extracto de vainilla

1 taza de crema espesa

1 taza de leche entera

### SALSA

¼ de taza de piloncillo molido compacto (página 13) o azúcar mascabado (azúcar sin refinar), compacta

1 cucharada de licor de naranja de buena calidad

1 cucharadita de extracto de vainilla

¾ de taza de crema mexicana, o crema agria

### PARA SERVIR

½ taza de hojuelas de almendra, tostadas

2 cucharadas de chocolate mexicano, rallado (página 10)

Moras frescas (opcional)

Los dulces churros con canela se transforman en un budín de pan caliente, cocinado en tu Instant Pot. (Si no tienes churros disponibles, ve la nota). Sirve caliente, con una salsa sencilla mezclada con Grand Marnier o Patrón Citrónge, 1 pizca de chocolate mexicano rallado y algunas almendras tostadas.

---

Para preparar el budín, mezcla en un tazón los churros, el pan, ¼ de taza de azúcar granulada, la canela y la sal. En otro tazón, bate los huevos con la vainilla, la crema y la leche, y vierte la mezcla encima del pan. Revuelve bien. Tapa el tazón y refrigéralo por al menos 1 hora, o hasta 1 día, moviendo ocasionalmente.

Engrasa con mantequilla un molde para suflé de 1½ cuartos de galón, o un refractario redondo de 7 tazas. Sirve la mezcla de pan en el molde preparado y vierte encima lo que haya sobrado de la mezcla de huevo. Espolvorea el azúcar granulada restante. Cúbrelo con papel de aluminio.

Vierte 2 tazas de agua en la Instant Pot. Coloca el molde cubierto sobre la rejilla de metal. Toma las asas e introduce la rejilla en la Instant Pot.

Asegura la tapa y establece la liberación de presión en **Sealing (Sellar)**. Presiona **Pressure Cook (Cocción a presión)** y fija el tiempo de cocción en 55 minutos.

Mientras se cuece el budín, prepara la salsa. En un tazón, mezcla el piloncillo, el licor de naranja y la vainilla, y revuelve hasta que se disuelva el piloncillo. Incorpora la crema. Tapa el tazón y refrigéralo hasta el momento de servir.

Cuando termine el programa de cocción, presiona **Cancel (Cancelar)**. Realiza una liberación rápida de presión moviendo la perilla de liberación a **Venting (Ventilar)**. Abre la olla y, usando guantes para horno, toma las asas y saca la rejilla de la Instant Pot. Retira con cuidado el papel de aluminio del molde y deja que se enfríe durante 5 minutos, por lo menos.

Sirve el budín de churros caliente o a temperatura ambiente, decorado con las almendras, el chocolate y las moras (si las usas). Acompaña con la salsa.

# VOLTEADO DE MANGO Y COCO

**Rinde 6–8 porciones**

PASTEL

1 mango maduro, pero firme, pelado, sin hueso y rebanado finamente

1¾ tazas de harina de trigo

2 cucharaditas de polvo para hornear

½ cucharadita de sal *kosher*

⅔ de taza de leche de coco enlatada

2 cucharadas de jugo de limón, recién exprimido

2 cucharaditas de ralladura de limón

6 cucharadas de mantequilla con sal, a temperatura ambiente

1 taza de azúcar

2 huevos grandes, batidos

2 cucharadas de extracto de vainilla

JARABE DE COCO

½ taza de leche de coco enlatada

¼ de taza de azúcar, o miel de agave (pita o maguey)

⅛ de cucharadita de extracto de vainilla

⅓ de taza de coco rallado, endulzado y tostado, para decorar

Moras frescas y crema batida, para decorar

Los sabores tropicales del mango, el coco y el limón se mezclan en este delicioso pastel, parecido al tres leches, remojado en leche de coco endulzada. Las rebanadas de mango que decoran el fondo del molde emergen cuando lo desmoldas, creando una presentación elegante, pero puedes picar la fruta e incorporarla a la masa.

———————————

Para preparar el pastel, engrasa un molde redondo de 7 pulgadas con grasa vegetal (*shortening*). Acomoda las rebanadas de mango en el fondo, en círculos concéntricos. Reserva las rebanadas extra para acomodarlas encima de la masa.

En un tazón, mezcla la harina, el polvo para hornear y la sal. En una taza medidora, mezcla la leche de coco y el jugo de limón.

En un tazón grande, bate la mantequilla y la ralladura de limón con una batidora de mano a velocidad media, hasta incorporar. Agrega gradualmente el azúcar. Sigue batiendo durante 5 minutos, hasta que la mezcla esté ligera y esponjosa. Añade los huevos y la vainilla, y bate para incorporar. Baja la velocidad. Alterna añadiendo parte de la mezcla de harina (en tres momentos) y la leche de coco (en dos momentos), empezando y terminando con mezcla de harina, y solo bate hasta mezclar bien.

Vierte con cuidado la masa sobre el molde, encima de las rebanadas de mango, y extiéndela uniformemente. Acomoda las rebanadas sobrantes de mango en una capa uniforme sobre la masa. Cubre el molde con papel de aluminio.

Vierte 2 tazas de agua en la Instant Pot. Coloca el molde cubierto sobre la rejilla de metal. Toma las asas e introduce la rejilla en la Instant Pot.

Asegura la tapa y establece la liberación de presión en **Sealing (Sellar)**. Presiona **Pressure Cook (Cocción a presión)** y fija el tiempo de cocción en 38 minutos.

Mientras el pastel se cuece, prepara el jarabe. En una taza medidora, mezcla la leche de coco, el azúcar y la vainilla, hasta que se disuelva el azúcar.

Cuando termine el programa de cocción, presiona **Cancel (Cancelar)**. Realiza una liberación rápida de presión moviendo la perilla de liberación a **Venting (Ventilar)**.

Abre la olla y, usando guantes para horno, toma las asas y saca la rejilla de la Instant Pot. Retira con cuidado el papel de aluminio del molde. Pasa un cuchillo de hoja corta por los bordes para desprender el pastel. Pícalo con una brocheta varias veces y vierte el jarabe encima uniformemente. Déjalo enfriar en el molde durante 1 hora.

Coloca un plato invertido sobre el pastel, presiona el molde contra el plato y voltéalos. Levanta el molde y deja enfriar a temperatura ambiente. Esparce encima el coco tostado y las moras, y acompaña con crema batida.

NOTA Para añadir un poco de color, acomoda ⅓ de taza de arándanos deshidratados, o frambuesas frescas, entre las rebanadas de mango.

Si gustas, añade a la masa ½ taza de coco seco, rallado, endulzado y tostado, justo antes de verterla en el molde.

# PASTEL DE VAINILLA

**Rinde 8 porciones**

½ taza de mantequilla con sal

1 taza de azúcar morena, compacta

2 cucharaditas de extracto de vainilla

3 huevos grandes, batidos

1 taza de harina de trigo

1¼ cucharaditas de polvo para hornear

½ cucharadita de sal *kosher*

¾ de taza de chispas de chocolate blanco

1 taza de nueces, picadas

2 cucharadas de piloncillo molido compacto (página 13), o azúcar mascabado (azúcar sin refinar)

Este delicioso pastel con *butterscotch* (dulce de azúcar y mantequilla), salpicado con chispas de chocolate blanco y nueces, puede estar listo en 1 hora aproximadamente. Al cocerlo, el pastel se verá muy húmedo y tendrá la consistencia de un *fudge*, pero sabrá todavía mejor al día siguiente. Además del azúcar moreno, esta receta incluye azúcar de piloncillo, un azúcar sin refinar que necesitarás machacar (página 13).

———————————

Engrasa con mantequilla un molde redondo de 7 pulgadas.

Derrite la mantequilla en una olla pequeña a fuego medio-bajo. Retira la olla del fuego, añade el azúcar moreno y la vainilla, y revuelve bien. Agrega los huevos y revuelve hasta incorporar.

Mezcla en un tazón la harina, el polvo para hornear y la sal. Con ayuda de una espátula de silicona, añade con movimientos envolventes la harina a la mezcla de mantequilla. Incorpora las chispas de chocolate blanco y ½ taza de las nueces. Vierte la masa en el molde preparado y extiéndela uniformemente. Esparce encima el resto de las nueces y el piloncillo. Cubre el molde con papel de aluminio.

Vierte 2 tazas de agua en la Instant Pot. Coloca el molde cubierto sobre la rejilla de metal. Toma las asas e introduce la rejilla en la Instant Pot.

Asegura la tapa y establece la liberación de presión en **Sealing (Sellar)**. Presiona **Cake** o **Pressure Cook** (**Pastel** o **Cocción a presión**) y fija el tiempo de cocción en 38 minutos.

Mientras se cocina el volteado, haz el sirope. En una taza de medidas, mezcla la leche de coco, el azúcar y la vainilla, hasta que el azúcar se disuelva.

Cuando termine el programa de cocción, presiona **Cancel (Cancelar)**. Realiza una liberación rápida de presión moviendo la perilla de liberación a **Venting (Ventilar)**. Abre la olla y, usando guantes para horno, toma las asas y saca la rejilla de la Instant Pot. Retira con cuidado el papel de aluminio del molde. Pasa un cuchillo de hoja corta por los bordes para desprender el pastel. Pincha el volteado, aún caliente, y esparce el sirope. Deja enfriar por 1 hora.

Coloca un plato invertido sobre el molde, presiona uno contra otro y voltéalos. Levanta el molde y deja que se enfríe completamente antes de servir.

# TABLAS DE COCCIÓN

Estas tablas de tiempos de cocción te servirán de guía. Los tiempos se pueden ajustar fácilmente; 1 ó 2 minutos más, o menos, pueden hacer la diferencia en el resultado de una receta y personalizar la preparación a tu gusto. Recuerda, tal vez no necesites cocinar algo tanto como crees. Siempre puedes agregar más tiempo al final, ¡pero no puedes restarlo! Para una guía más completa, consulta el manual del usuario de tu Instant Pot.

---

**SEGURIDAD DE ALIMENTOS**  Revisa siempre la temperatura interna de la carne con un termómetro digital, para asegurarte de que el alimento se coció a una temperatura segura.

Carne de res:  140°F (60°C)

Pollo y carne de res molida:  165°F (74°C)

Cerdo (puerco o chancho):  145°F (63°C)

Arroz, frijoles (habichuelas, porotos o caraotas), y otras legumbres:  135°F (57°C)

**RECALENTAR**  Cuando recalientes cualquier alimento, incluyendo arroz y frijoles, asegúrate de que la temperatura interna excede los 165°F (74°C), y no los recalientes una segunda vez.

## CARNE Y AVES

El tiempo de cocción y el tipo de liberación de presión (rápida o natural) para carnes y aves pueden variar en cada receta. Uso una liberación rápida de presión y luego dejo que la carne o el ave se enfríe casi completamente en su jugo antes de continuar con la preparación. Este tiempo extra permite que las proteínas absorban los deliciosos jugos de la cocción, así que considera algunos minutos más cuando calcules tu tiempo antes de servir. El tamaño de la carne o el ave que estés preparando afecta el tiempo de cocción también; las piezas más pequeñas se cocinarán más rápido que las grandes.

| Carne | Tiempo de cocción | Nota del chef |
|---|---|---|
| Carne de res, aguayón (*top round*), sin hueso | 25–30 minutos | magro, puede estar seco |
| Aguja de res (*chuck roast*), sin hueso | 25–30 minutos | la mejor elección para la mayoría de las recetas |
| Carne de res molida | 5–10 minutos | 85% magro es lo mejor |
| Costilla (*short ribs*) de res, sin hueso | 25 minutos | elige costillas carnosas |
| Chorizo | 10 minutos | de cerdo o de res |
| Tocino (*pork belly*, tocineta o panceta) | 35 minutos | con más tiempo libera grasa |
| Paletilla de cerdo (puerco o chancho) (*pork shoulder*), con hueso | 20–35 minutos | bueno para sopas o carnes deshebradas |
| Paletilla de cerdo, sin hueso | 20–35 minutos | la mejor para carnitas y pibil |
| Carne de cerdo molida | 10 minutos | magra es lo mejor |
| Salchicha de carne | 10–15 minutos | cuece las de pollo más tiempo |
| Pechuga de pollo, con hueso | 20 minutos | cubre con papel de aluminio durante la cocción |
| Pechuga de pollo, sin hueso | 15 minutos | cubre con papel de aluminio durante la cocción |
| Pollo entero | 20 minutos | cubre con papel de aluminio durante la cocción |
| Muslo de pollo, con hueso | 20 minutos | el mejor sabor |
| Muslo de pollo, sin hueso | 15 minutos | el mejor sabor y fácil de utilizar |
| Pierna de pato | 20–25 minutos | dependiendo del tamaño |
| Pechuga de pavo, con hueso | 30 minutos | cubre con papel de aluminio durante la cocción |
| Muslo de pavo, con hueso | 30 minutos | cubre con papel de aluminio durante la cocción |

## VERDURAS

Las verduras se cocinan rápidamente, así que ten cuidado cuando midas el tiempo y siempre realiza una liberación rápida de presión. Sazonar tu líquido de cocción con un poco de sal incrementa el sabor.

| Verdura | Tiempo de cocción | Notas del chef |
|---|---|---|
| Chiles jalapeños | 2 minutos | Cualquier chile fresco pequeño |
| Chiles secos | 5 minutos | Acelera el tiempo de remojo |
| Granos de elote (maíz o choclo) | 4 minutos | Hiérvelos si siguen crujientes |
| Elote en mazorca (maíz) | 5–7 minutos | Depende de la frescura |
| Col rizada (kale, repollo rizado o berza), acelgas | 1 minuto | Maduras, no "baby" |
| Col rizada, espinacas (baby) | 0 | Agrégalas crudas a la olla interna, al final |
| Hongos | 1–2 minutos | El sabor está en los jugos |
| Nopales | 2 minutos | Deben estar cocidos, pero firmes |
| Plátano macho (plátano verde o banana grande) | 2–5 minutos | Maduros y firmes, o verdes |
| Papas, blancas o rojas | 8 minutos | Peladas o con cáscara |
| Papas, jóvenes o ratte (alargadas) | 6–8 minutos | Depende del tamaño y el uso |
| Jitomates (tomates) saladette (Roma o guaje) o cherry | 1–2 minutos | Depende del uso |
| Tomate verde (tomatillo o tomate de fresadilla) | 1–2 minutos | Depende del uso |

## FRIJOLES, GRANOS Y PASTA

Los frijoles (habichuelas, porotos o caraotas), cremosos y llenos de sabor, son el corazón de la comida mexicana. La edad de los frijoles puede afectar el tiempo de cocción, por lo que te recomiendo remojarlos siempre al menos 8 horas antes de cocinarlos, o durante toda la noche. Si no tienes tiempo, utiliza el tiempo de cocción mayor, libera la presión rápidamente y prueba uno. El centro debe estar húmedo y no granuloso. Si es necesario, cuécelos otros 5 o 10 minutos. El arroz siempre debe estar bien enjuagado y colado antes de cocerlo, y permite que libere el vapor y repose antes de servir.

| Frijoles, granos, pasta | Tiempo de cocción | Nota del chef |
|---|---|---|
| Frijoles negros | 30–35 minutos | enjuaga bien y remoja |
| Frijoles pintos | 30–35 minutos | enjuaga bien y remoja |
| Frijoles blancos Great Northern | 20–30 minutos | enjuaga bien y remoja |
| Lentejas | 10–15 minutos | depende del uso |
| Pasta | 8 minutos | cuece en un líquido con mucho sabor |
| Quinua | 1 minuto | enjuaga bien, no remojes |
| Arroz blanco de grano largo | Ciclo del arroz | enjuaga bien, no remojes |
| Arroz, estilo pilaf | 8–15 minutos | enjuaga bien, no remojes |
| Arroz integral de grano largo | 15 minutos | enjuaga bien, no remojes |

## SALSAS

Cocer salsas en la Instant Pot no toma tiempo; están listas literalmente en cuestión de minutos. Las salsas siempre deben estar bien sazonadas, con sabores concentrados, así que solo añade las cantidades de líquidos especificadas en las recetas.

| Salsa | Tiempo de cocción | Nota del chef |
|---|---|---|
| Salsas de chiles secos | 5 minutos | Se congelan bien |
| Salsas frescas | 1–3 minutos | No cuezas de más |

## POSTRES

Muchos postres se acoplan bien al calor húmedo uniforme de la Instant Pot. La mayoría de las preparaciones parecerán suaves cuando destapes la olla, pero adquirirán una consistencia más firme mientras se enfrían. He descubierto que el sabor de la mayoría de los postres mejora después de algunas horas.

| Postre | Tiempo de cocción | Nota del chef |
|---|---|---|
| Budín de pan | 55 minutos | usa una sartén profunda |
| *Brownies* de chocolate oscuro y de vainilla | 35–38 minutos | cuida el tiempo de cocción |
| Tamales de chocolate, *cupcakes* | 25 minutos | parecerán suaves |
| Cajeta (dulce de leche) | 15 minutos | una rápida adición a la alacena |
| Flan | 15 minutos | ¡el mejor flan del mundo! |
| Panqué (bizcocho) | 40 minutos | un pastel firme |
| Arroz con leche (budín de arroz) | 25 minutos | revuelve una vez durante la cocción |
| Pastel de vainilla | 40 minutos | húmedo y firme |

# AGRADECIMIENTOS

La buena comida y los libros hermosos no se crean solos; ni siquiera si involucran la Instant Pot. Se necesitan varias personas talentosas para que todo salga bien y estoy verdaderamente agradecida con todos los que trabajaron en *El libro esencial de recetas mexicanas para Instant Pot*. Muchas gracias a mi querida amiga y agente, Carole Bidnick, a la editora Emma Rudolph y a la diseñadora Kara Plikaitis de Ten Speed Press. Fue un placer trabajar con la fotógrafa Erin Scott y con su asistente, Nicola Parisi. La estilista Lilian Kang y su magnífica asistente, Veronica Laramie, convirtieron mis recetas —sólo palabras en una página— en una suculencia atractiva y absoluta. Un agradecimiento muy especial para Hannah Rahill, de Ten Speed, ¡por la oportunidad de voltear de cabeza la olla de cocción lenta!

Barry, Annie y Will Schneider probaron con ánimo todo para sortear el caos de un libro más y me ofrecieron muchas sugerencias útiles. Un saludo para mis múltiples familias en la cocina, pasadas y presentes, por apoyar mis locas ideas a lo largo de décadas y hacia el futuro.

Finalmente, dedico este libro a mis queridos amigos Patrick O'Brien, Joe Bodolai, Jerry Huckins y Glenn Kurbis, y con un amor eterno, a mi madre, Margaret Rundle MacDonald Aitken, y a mi padrastro, J. Howard Aitken.

# SOBRE LA AUTORA

**Deborah MacDonald Schneider** es chef ejecutiva y socia de los galardonados SOL Mexican Cocina y Solita Tacos & Margaritas, con seis sucursales en California, Arizona y Colorado. Viaja extensamente por California, Baja California y México, y explora su amor por la gastronomía mexicana al trabajar con cocineros mexicanos, comer y escribir. Entre sus títulos se encuentran *Salsas & Moles, The Mexican Slow Cooker, Amor y Tacos, ¡Baja! Cooking on the Edge* (el mejor libro de cocina del año para la revista Food & Wine, en 2007), *Cooking with the Seasons at Rancho La Puerta* (nominado al premio James Beard en 2009), *Williams Sonoma Rustic Mexican* y *Williams Sonoma Essentials of Latin Cooking*, así como artículos para diversas revistas nacionales, incluyendo O, *The Oprah Magazine* y *Food & Wine*.

Sus clases de cocina mexicana, Mexican Street Food y Mexican Comfort Food, aparecen en Craftsy.com.

A través de su labor restaurantera y sus publicaciones, Deborah ha influido en el movimiento de la granja a la mesa del sur de California, apoyando pescaderías sustentables en California y Baja California. Ha sido mentora de muchos jóvenes chefs y ha apoyado grupos comunitarios y recaudaciones de fondos culinarias. Recibió su rango de Chef Ejecutiva Certificada (CEC) en 2001, de parte de la Federación Culinaria Americana (American Culinary Federation).

www.solcocina.com   www.solitatacos.com

# ÍNDICE

## A

aceite, 12
achiote, 9
    Cochinita pibil, 79
    Tacos al pastor, 85
    Tacos de pollo al achiote, 39–41
aguacate, 9
    Guacamole, 150
    Salsa de aguacate y tomate verde, 150
ajo, 10
    Pollo con chile y ajo, 36
    Salsa de chipotle y ajo, 153
albóndigas
    Albóndigas de cerdo en salsa verde con
        chicharrón, 76–78
    Caldo con albóndigas de cerdo y elote, 20
    Caldo con albóndigas de pollo y elote, 20
    Caldo con albóndigas de res y elote, 19–20
arroz, 13
    Arroz blanco, 134
    Arroz con hierbas y cítricos, 134
    Arroz con leche, 165–66
    Arroz con mariscos, 132–33
    Arroz con pollo, 48
    Arroz rojo, 127
    Arroz verde, 131
    Caldo de pollo picante, 25
    Chiles rellenos de arroz en salsa de tomate
        picante, 106–8
    Chiles rellenos de arroz en salsa verde, 108
    Chiles rellenos de arroz y pollo en salsa de
        tomate picante, 108
    consejos para la cocción, 130
    temperatura de cocción, 176
    tiempo de cocción, 179

## B

Barbacoa de pollo, 37
budines
    Budín de churros, 170
    tiempo de cocción, 180
burritos
    Burritos básicos de res, 118
    Burritos de fajitas California, 121
    Burritos de carnitas, 119
    Burritos cremosos de res, frijoles y queso, 120

## C

Cajeta, 164
    Flan de cajeta, 164
    tiempo de cocción, 180
caldos, 10
    Caldo de pollo picante, 25
    Caldo y carne de res deshebrada Uno-Dos-Tres,
        156–57

    Caldo y pollo deshebrado Uno-Dos-Tres,
        154–55
camotes
    Guisado de res y chipotle a la cerveza, con
        verduras, 88–90
    Tacos de chorizo, frijoles negros y camote, 82
Carnitas, 73
    Burritos de carnitas, 119
    relleno para tamales, 97
cebollas, 12
cerdo, 13
    Albóndigas de cerdo en salsa verde con
        chicharrón, 76–78
    Burritos de carnitas, 119
    Carnitas, 73
    Chile verde, 75
    Chileajo oaxaqueño, 86–87
    Cochinita pibil, 79
    Estofado de cerdo y longaniza con frijoles y col
        rizada, 69
    Frijoles pintos vaqueros, 129–30
    Pastel de carne a la mexicana, 67–68
    Pozole rojo con cerdo, 26–28
    relleno para tamales, 97
    Tacos al pastor, 85
    temperatura de cocción, 176
    tiempo de cocción, 177
    Tocino con glaseado de chipotle y miel de agave,
        80–81
    *Ve también* salchicha
chicharrón, 10
Chileajo oaxaqueño, 86–87
chiles
    asarlos frescos, 6
    Chile verde, 75
    Chileajo oaxaqueño, 86–87
    Chiles rellenos de arroz en salsa de tomate
        picante, 106–8
    Chiles rellenos de arroz en salsa verde, 108
    Chiles rellenos de arroz y pollo en salsa de
        tomate picante, 108
    Costilla con chile poblano estilo Ciudad de
        México, 62
    Enchiladas de hongos con salsa de queso y
        chipotle, 59
    Estofado de res con papa y chile verde, 91
    Estofado de res con salsa roja, 63
    Guisado de res y chipotle a la cerveza, con
        verduras, 88–90
    Jalapeños y zanahorias en escabeche, 149
    Macarrones con queso al chipotle, 100
    Macarrones con queso y chile verde, 100
    Papas con crema y chile, 109
    Papas con jitomate y jalapeño, 112
    Plátano macho con chile, limón y cacahuates, 113

    Pollo con chile y ajo, 36
    Pollo rostizado con chipotle y limón, 46–47
    Salsa cremosa de chipotle, 147
    Salsa de chile ancho, 146
    Salsa de chile habanero #1, 144
    Salsa de chile habanero #2, 144
    Salsa de chipotle y ajo, 153
    Salsa de chipotle y tomate verde, 142
    Salsa roja, 141
    Sopa de papa y queso con chile chipotle, 29
    tiempo de cocción, 178
    Tocino con glaseado de chipotle y miel de agave,
        80–81
    tostarlos en seco, 8
    uso en seco, 9
    variedades de, 6, 8–9
Chimichurri, 66
chocolate, 10
    Pollo con mole, 34–35
    Tamales de chocolate, 167–69
chocolate blanco
    Pastel de vainilla, 174
cilantro, 12
Cochinita pibil, 79
col
    Ensalada cremosa para tacos, 151
col rizada
    Caldo con albóndigas de res y elote, 19–20
    Estofado de cerdo y longaniza con frijoles y col
        rizada, 69
    tiempo de cocción, 178
Costilla con chile poblano estilo Ciudad de
        México, 62
crema, 10

## E

enchiladas
    Enchiladas de res y frijoles, 58
    Enchiladas de pollo y queso con salsa verde, 56
    Enchiladas de cuatro quesos, 57
    Enchiladas de hongos con salsa de queso y
        chipotle, 59
ensaladas
    Ensalada cremosa para tacos, 151
    Ensalada de nopales, 114
    Ensalada de nopales con camarones, 114
epazote, 12
especias, 13
Esquites, 105

## F

Fajitas de res con chimichurri, 65–66
Flan, 162–64
    Flan de cajeta, 164
    tiempo de cocción, 180

Frijoles
    Burritos cremosos de res, frijoles y queso, 120
    Burritos de fajitas California, 121
    Dip de frijoles puercos, 125
    Enchiladas de res y frijoles, 58
    Estofado de cerdo y longaniza con frijoles y col rizada, 69
    Frijoles borrachos, 125
    Frijoles meneados, 125
    Frijoles negros, 23
    Frijoles pintos refritos, 124–25
    Frijoles pintos vaqueros, 129–30
    remojo, 4
    Sopa de frijoles negros, 22–23
    Sopa de frijoles pintos con chorizo y tortillas fritas, 21
    Tacos de chorizo, frijoles negros y camote, 82
    Tamales de frijoles negros picantes, 96
    temperatura de cocción, 176
    tiempo de cocción, 179

**G**
Guacamole, 150
Guisado de res y chipotle a la cerveza, 88–90

**H**
harina de nixtamal, 11–12
    Estofado de res con salsa roja y bolitas de masa, 63
    Tamales básicos, 94–95
    Tamales de frijoles negros picantes, 96
    Tortillas de maíz, 158–59
    Tortillas verdes, 159
hierbas, 12
hojas de plátano, 9–10, 97
hojas verdes
    Estofado de cerdo y longaniza con frijoles y col rizada, 69
    Sopa de lentejas con pollo y acelgas, 24
hongos
    Crema de hongos con epazote, 30–31
    Enchiladas de hongos con salsa de queso y chipotle, 59
    "Quesotacos" al revés, 111
    "Quesotacos" con hongos y granos de elote, 111
    "Quesotacos" de hongos con epazote, 110–11
    tiempo de cocción, 178

**I**
Instant Pot
    consejos, 2–6
    tiempos de cocción, 3–4, 176–80
    ventajas, 1

**J**
jitomate, 13
    asar, 13
    Chile verde, 75
    Chiles rellenos de arroz en salsa de tomate picante, 106–8
    Chiles rellenos de arroz y pollo en salsa de tomate picante, 108

Estofado de cerdo y longaniza con frijoles y col rizada, 69
Frijoles pintos vaqueros, 129–30
Mojo, 39
Papas con jitomate y jalapeño, 112
Pico de gallo, 139
Salsa de chile habanero #2, 144
Salsa de chipotle y tomate verde, 142
Sopa de frijoles negros, 22–23
Salsa ranchera, 152
Salsa roja, 141
tiempo de cocción, 178
Xnipec, 139

**L**
lentejas
    Sopa de lentejas con pollo y acelgas, 24
    tiempo de cocción, 179
limones, 11

**M**
macarrones. *Ve* pasta
maíz, 10
    Caldo con albóndigas de pavo y elote, 20
    Caldo con albóndigas de pollo y elote, 20
    Caldo con albóndigas de res y elote, 19–20
    Caldo de pollo picante con elote, 25
    Esquites, 105
    Guisado de res y chipotle a la cerveza, con verduras, 88–90
    preparar hojas secas, 97
    "Quesotacos" con hongos y granos de elote, 111
    relleno para tamales, 97
    tiempo de cocción, 178
    *Ve también* harina de nixtamal
maíz pozolero
    Pozole rojo con pollo, 28
    Pozole rojo con cerdo, 26–28
Manteca fresca, 10
mariscos
    Arroz con mariscos, 132–33
    Ensalada de nopales con camarones, 114
mejorana, 12
miel de agave, 9
Mojo, 39
Mole, pollo con, 34–35

**N**
Nachos, 104
nopales, 12
    tiempo de cocción, 178
    Ensalada de nopales, 114
    Ensalada de nopales con camarones, 114

**O**
orégano mexicano, 12

**P**
papas, 12
    Caldo con albóndigas de res y elote, 19–20
    Chile verde, 75
    Estofado de res con papa y chile verde, 91

Papas con crema y chile, 109
Papas con jitomate y jalapeño, 112
Sopa de papa y queso con chile chipotle, 29
tiempo de cocción, 178
pasas
    Quinoa con pasas, 135
pasta
    Macarrones con queso al chipotle, 100
    Macarrones con queso y chile verde, 100
    tiempo de cocción, 179
Pastel de carne a la mexicana, 67–68
pasteles
    Pastel de vainilla, 174
    tiempo de cocción, 180
    Volteado de mango y coco, 172–73
pato
    "Canarditas" de pierna de pato con salsa de zarzamoras y mezcal, 52–53
    tiempo de cocción, 177
pavo
    Caldo con albóndigas de pavo y elote, 20
    Frijoles pintos vaqueros, 129–30
    Pavo al tequila, 50–51
    Sopa de lentejas con pavo y acelgas, 24
    tiempo de cocción, 177
pecanas
    Pastel de vainilla, 174
    Tamales de chocolate, 167–69
perejil, 12
pescado
    Arroz con mariscos, 132–33
Pico de gallo, 139
piloncillo, 12
piña
    Salsa de tomate verde y piña, 143
    Tacos al pastor, 85
plátano macho, 12–13
    plátano macho con chile, limón y cacahuates, 113
    tiempo de cocción, 178
pollo, 10
    Arroz con pollo, 48
    Barbacoa de pollo, 37
    Burritos de fajitas California, 121
    Caldo con albóndigas de pollo y elote, 20
    Caldo de pollo picante, 25
    Caldo y pollo deshebrado Uno-Dos-Tres, 154–55
    Chiles rellenos de arroz y pollo en salsa de tomate picante, 108
    Enchiladas de pollo y queso con salsa verde, 56
    Mole con pollo, 34–35
    Pollo con chile y ajo, 36
    Pollo en salsa de chile ancho, 45
    Pollo rostizado con chipotle y limón, 46–47
    Pozole rojo con pollo, 28
    relleno para tamales, 97
    Sangría de pollo, 43–44
    Sopa de lentejas con pollo y acelgas, 24
    Sopa de tortilla con pollo, 16
    Tacos de pollo a la diabla, 38

Tacos de pollo al achiote, 39–41
temperatura de cocción, 176
tiempo de cocción, 177
postres
Arroz con leche, 165–66
Budín de churros, 170
Flan, 162–64
Flan de cajeta, 164
Pastel de vainilla, 174
Tamales de chocolate, 167–69
tiempo de cocción, 180
Volteado de mango y coco, 172–73
pozole
Pozole rojo con pollo, 28
Pozole rojo con cerdo, 26–28

**Q**
queso, 10
Burritos cremosos de res, frijoles y queso, 120
Burritos de fajitas California, 121
Chiles rellenos de arroz con salsa de tomate picante, 106–8
Enchiladas de pollo y queso con salsa verde, 56
Macarrones con queso al chipotle, 100
Macarrones con queso y chile verde, 100
Nachos, 104
Queso fundido con chorizo, 104
Queso fundido texano, 103–4
"Quesotacos" al revés, 111
"Quesotacos" con hongos y granos de elote, 111
"Quesotacos" de hongos con epazote, 110–11
relleno para tamales, 97
Salsa cremosa de chipotle, 147
Sopa de papa y queso con chile chipotle, 29
"quesotacos"
"Quesotacos" al revés, 111
"Quesotacos" con hongos y granos de elote, 111
"Quesotacos" de hongos con epazote, 110–11
quinoa
Quinoa con pasas, 135
tiempo de cocción, 179

**R**
res, 9
Burritos básicos de res, 118
Burritos cremosos de res, frijoles y queso, 120
Burritos de fajitas California, 121
Caldo con albóndigas de res y elote, 19–20
Caldo y carne de res deshebrada Uno-Dos-Tres, 156–57
Costilla con chile poblano estilo Ciudad de México, 62
relleno para tamales, 97

Enchiladas de res y frijoles, 58
Estofado de res con papa y chile verde, 91
Estofado de res con salsa roja, 63
Fajitas de res con chimichurri, 65–66
Guisado de res y chipotle a la cerveza, con verduras, 88–90
Pastel de carne a la mexicana, 67–68
Tacos de machaca de res, 70
temperatura de cocción, 176
tiempo de cocción, 177
Refritos, frijoles pintos, 124–25

**S**
sal, 13
salchicha, 13
Estofado de cerdo y longaniza con frijoles y col rizada, 69
Pastel de carne a la mexicana, 67–68
Queso fundido con chorizo, 104
Sopa de frijoles pintos con chorizo y tortillas fritas, 21
Tacos de chorizo, frijoles negros y camote, 82
tiempo de cocción, 177
salsas
freír, 140
Mojo, 39
Pico de gallo, 139
Salsa de aguacate y tomate verde, 150
Salsa de chile ancho, 146
Salsa de chile habanero #1, 144
Salsa de chile habanero #2, 144
Salsa de chipotle y ajo, 153
Salsa de chipotle y tomate verde, 142
Salsa de queso y chipotle, 147
Salsa de tomate picante, 106–8
Salsa de tomate verde y piña, 143
Salsa de zarzamoras y mezcal, 52
Salsa ranchera, 152
Salsa roja, 141
Salsa verde, 140
Salsa verde cruda, 143
tiempo de cocción, 180
Xnipec, 139
sopas
Caldo con albóndigas de pavo y elote, 20
Caldo con albóndigas de pollo y elote, 20
Caldo con albóndigas de res y elote, 19–20
Caldo de pollo picante, 25
Crema de hongos con epazote, 30–31
Pozole rojo con cerdo, 26–28
Pozole rojo con pollo, 28
Sopa de frijoles negros, 22–23
Sopa de frijoles pintos con chorizo y tortillas fritas, 21
Sopa de lentejas con pollo y acelgas, 24
Sopa de papa y queso con chile chipotle, 29
Sopa de tortilla con pollo, 16

**T**
tacos
Tacos al pastor, 85
Tacos de chorizo, frijoles negros y camote, 82
Tacos de machaca de res, 70
Tacos de pollo a la diabla, 38
Tacos de pollo al achiote, 39–41
tamales
preparar las hojas de maíz, 97
preparar las hojas de plátano, 97
rellenos tradicionales, 97
Tamales básicos, 94–95
Tamales de chocolate, 167–69
Tamales de frijoles negros picantes, 96
tiempos de cocción, 3, 176–80
tomate verde, 13
Chile verde, 75
Chileajo oaxaqueño, 86–87
Chiles rellenos de arroz en salsa de tomate picante, 106–8
Salsa de aguacate y tomate verde, 150
Salsa de chile ancho, 146
Salsa de chipotle y tomate verde, 142
Salsa de tomate verde y piña, 143
Salsa verde, 140
Salsa verde cruda, 143
Sopa de tortilla con pollo, 16
tiempo de cocción, 178
tortillas, 13
Sopa de tortilla con pollo, 16
Tortillas de maíz, 158–59
Tortillas verdes, 159
Sopa de frijoles pintos con chorizo y tortillas fritas, 21
Ve también burritos; enchiladas; "quesotacos"; tacos
totopos
Nachos, 104

**U**
utensilios, 5–6

**V**
verduras
Guisado de res y chipotle a la cerveza, con verduras, 88–90
tiempo de cocción, 178
Ve también las entradas individuales de verduras
Volteado de mango y coco, 172–73

**X**
Xnipec, 139

**Z**
zanahorias
Guisado de res y chipotle a la cerveza, con verduras, 88–90
Jalapeños y zanahorias en escabeche, 149